Sachlich. Und emotional.

Die Seele linker Politik
Ein Beitrag zur politischen Theorie
2. Auflage

Christoph Lanzendörfer

©2017 Dr. Christoph Lanzendörfer
Herstellung und Verlag: BoD - Books on Demand, Norderstedt
Umschlagfoto: Dr. Christoph Lanzendörfer

ISBN: 9783744834346

Bibliografische Information der Deutschen Nationalbibliothek:
Die Deutsche Nationalbibliothek verzeichnet diese Publikation in der
Deutschen Nationalbibliografie, detaillierte bibliografische Daten sind
im Internet über http://d-nb.de abrufbar.

Jede Gruppe, mit welchem Ziel auch immer, braucht ein Herz und eine Seele, jemanden mit viel Wissen, mit viel Einfühlungsvermögen und viel Verständnis, ganz besonders aber mit klaren Positionen. In unserer Fraktion und in unserem SPD-Ortsverein ist das

Luzia Moldenhauer, MdL

Deswegen ist dieser Beitrag ihr gewidmet.

Christoph Lanzendörfer

Sachlich.
Und emotional.

Die Seele linker Politik

Ein Beitrag zur politischen Theorie

2. Aufl.

Vorwort zur 2. Auflage

Am 10. Mai 2017 erschien im Weser-Kurier eine Karikatur von Klaus Stuttmann, in der sich zwei Menschen an einem Strand stehend unterhielten.

„Wieder über 200 Menschen ertrunken! Stell dir vor, die wären bei einem Terroranschlag gestorben!"

„Das wäre ja schrecklich!!"

Genau diese Ambivalenz kennzeichnet unsere aktuelle politische Diskussion: Hunderte, ja Tausende von Toten, die auf der Flucht vor Krieg, Verfolgung oder schlicht in der Hoffnung auf ein besseres Leben ohne Hunger und Krieg sterben, sind uns nicht so nah wie unsere Furcht vor Anschlägen hier. Die eigene Betroffenheit ist, natürlich, stärker als das Mitgefühl für eine diffuse Masse von Fremden. Bekommt der Horror aber ein Gesicht, wie das des kleinen syrischen Jungen Ailan, der im September 2015 tot an die türkische Küste gespült wurde, ändert sich vielleicht für einen Moment unsere Haltung.

Menschlichkeit ist jedoch nicht teilbar. Um jeden Menschen, der Opfer von Gewalt und Verbrechen wird, müssen wir uns bemühen. Das ist die emotionale Seite von Politik. Die rationale, sachliche Seite muss sich um die Umsetzung des für richtig Befundenen kümmern.

Die neue Auflage wurde schnell notwendig, um einerseits kleinere Fehler auszubügeln, andererseits haben sich in der Diskussion mit Freunden doch einige neue Ideen ergeben. Für sprachliche Holperigkeiten übernehme ich nach Ex. 4, 10[1] die Verantwortung. Und für Fehler gilt Hiob 6, 24[2].

Bassum, Juni 2017

---

[1] *Ich bin von jeher nicht beredt gewesen, auch jetzt nicht, seitdem du mit deinem Knecht redest; denn ich habe eine schwere Zunge und eine schwere Sprache.*

[2] *Belehret mich, so will ich schweigen, und worin ich geirrt habe, darin unterweiset mich.*

Einführung

Wir brauchen es uns gar nicht mehr vorzustellen, es ist bereits passiert.

Einer, der Präsident aller werden wollte, beleidigte, polemisierte, log, zeterte, tat alles, um die Nation zu polarisieren, er spielte auf der schlimmsten Klaviatur von Hetze, Hass und Gezänk. Die britische Zeitung *Guardian* hat eine Auflistung seiner falschen und erlogenen Aussagen gemacht: Es ist erschreckend, was sich dort alles findet.

Ohne überheblich sein zu müssen: In seinem Wahlkampf gab es keine sachlichen, sondern nur emotionalisierende Momente.

Und nun ist er Präsident der USA geworden.

Auch wenn die Justiz und einige seiner besonnenen Parteifreunde einiges gebremst haben: Diejenigen, die ihn unterstützt haben, werden das nicht mit Gleichmut quittieren.

Die Zuspitzung in den USA, die Abstimmung zum Brexit oder auch die über eine Verwaltungsreform in Italien haben gezeigt, dass Politik dort an ihre Grenzen stößt, wo es Gruppen gibt, die sich von den Grundregeln politischer Diskussion nicht einschränken lassen: Sachliche

Themen durchaus auch emotional und mit innerem Antrieb vorzutragen, aber nicht Unsachlichkeit und bewusste Lügen zum Selbstzweck zu erheben. Die französischen Faschisten, die niederländischen Islamfeinde, die deutschen Fremdenhasser oder auch die norditalienischen Separatisten jubeln dem neuen Idol in den USA zu. Und das lässt für die nächste Zeit nichts Gutes erahnen.

Es ist übrigens auch nicht ausschließliches Vorrecht der Rechten, dummes Zeug zu pöbeln. Nach der geistigen Kohabitation zwischen Sarah Wagenknecht und Frauke Petry haben wir nun dazu noch ein neues europäisches Dreamteam: Die Front-National-Führerin Marine Le Pen und der Linken-Chef Bernd Riexinger bejubeln gemeinsam und fast wortgleich das Ergebnis der Volksabstimmung, das italienische Parlament auf ein Einkammerparlament mit einem Senat als hauptsächliche Regionsrepräsentanz zu verändern, Riexinger sah in dieser Verfassungsreform tatsächlich ein „neoliberales Programm". Ach ja, der Arme[3].

---

[3] Es ist ein lange bekanntes Phänomen, dass ein *Nein* bei Volksabstimmungen viel leichter zu organisieren ist als eine Zustimmung. In Italien saßen auf der Nein-Front u.a. die Lega Nord (deren Frontmann Matteo Salvini sich gerne mit Trump, Putin und Faschisten wie Marine Le

Deswegen ist es so wichtig, auch hinter die Dinge zu schauen. Generationen von Menschen sahen im 5. Gebot der Bibel (nach Thora-Zählung 6. Gebot) *Du sollst nicht töten* ein pazifistisches Gebot, ein Verbot von Abtreibungen, Töten im Krieg, von Opferschlachtungen und anderem mehr. Dabei - es steht gar nicht in der Bibel, zumindest nicht in der hebräischen Urfassung. Dort ist von „razah" die Sprache, ein Wort, das eher „außerhalb des Gesetzes töten" heißt oder eben wie Martin Buber ([18] S. 206) dieses Gebot übersetzt: „morde nicht". Ganz ausdrücklich ist damit eben nicht kriegerisches Töten verboten. Und dennoch haben tausende junge Männer mit der Berufung hierauf ihren Dienst mit der Waffe bei der Bundeswehr verweigert. Und sich die katholische Kirche jeder Reform eines Abtreibungsgesetzes und sogar der Kondomnutzung widersetzt.

Pen zeigt), Silvio Berlusconi und der Berufsclown Beppe Grillo, in Deutschland bejubeln AfD und Linke gemeinsam die Abstimmung über eine Wahlrechtsreform. Und um ein Warum geht es schon lange nicht mehr. Beppe Grillos „antielitäre" Begründung zum Nein: „Ich wiederhole, dass es ein Zepter des NEIN ist. Das NEIN ist eine neue Form von reiner Politik. Das NEIN ist der höchste Ausdruck. Das NEIN musst Du in Dir suchen nicht nur auf dem Wahlschein." Ziemlich surrealistisch.

Politisches Denken ist nicht mehr modern. Dinge auf Grundsätze zu überprüfen, sie mit anderen abzuwägen geht gefühlt unter im Gepolter einer völlig emotionalisierten Diskussion.

Und dann: Gruppierungen wie „Ausländerfreies Deutschland" (AfD) beweisen doch, dass man zumindest anfangs ohne jedes Programm und ausschließlich mit populistischen Parolen weit kommt.

Wozu muss ich überhaupt denken, wenn ich mich entweder unhinterfragt oder gar „sachlich" einer Frage nähern kann? Sachlichkeit steht innerhalb der Politik außer Frage: Sachlichkeit ist neutral und begründet deswegen eine höchstmöglich objektive Entscheidung. Alles andere ist ideologisch und zu verwerfen. Sachlich zu sein klingt modern. Aber: Was ist sachlich? Ist es nicht auch durch irgendwelche Ideen begründet?

Wer bestimmt, was *sachlich* ist? Und wodurch lässt sich diese *Sachlichkeit* kennzeichnen?

Wer in der Politik, sei es in einem Gemeinderat, einem Kreis-, Land-, dem Bundestag oder dem Europaparlament, tätig ist, hat auch mit Vorurteilen zu kämpfen: Die oder der mache es doch nur für sich selbst, denke immer an abzuzockendes Geld und habe die Sorgen „des Bürgers" überhaupt nicht mehr auf dem Schirm, ja, in Leserbriefen wird behauptet, „die" Politik missachte den erklärten Willen „des" Bürgers. Wer was wann wo und wodurch erklärt haben soll, braucht nicht bewiesen zu werden, die Behauptung alleine reicht heutzutage als Beleg. Dennoch sitzen zehntausende von Bürgerinnen und Bürgern in eben diesen Parlamenten und beschäftigen sich mit Politik. Noch -zigmal mehr aber sind in Parteien oder parteiähnlichen Verbänden engagiert. Lohnend ist das nicht: Je nach Hingabe an die Aufgabe einmal monatlich bis zu mehrmals wöchentlich für diese Aufgabe unterwegs zu sein, Plakate zu kleben, im Regen an Infoständen zu stehen oder beim Verteilen von Infomaterial von Haustür zu Haustür zu gehen und sehr oft dabei auch noch angepöbelt zu werden - und für all das auch noch Geld („Beiträge") zahlen zu müssen: Was zur Hölle reitet solche Menschen?

Das alles geht nur, wenn hinter diesem Engagement eine **Idee** steht. Eine Idee, was gut für unsere Gesellschaft ist und welche Werte ich mit meinem Engagement vertreten möchte. Diese Idee muss in der Summe mehr und größer sein als meine Leidensfähigkeit für die Sache, denn sonst würde ich Wahlniederlagen oder Abstimmungsverluste nicht ertragen (es sei denn, und natürlich gibt es auch das, ich plane mein Engagement kühl für eine Karriere in einem gut bezahlten Gremium).

Politische Ideen gibt es seit es Politik gibt. Letztlich war die Idee der *Ma'at* im Alten Ägypten schon eine politische Idee: Es ist die wahrscheinlich erste kodierte staatliche Form eines menschlichen Zusammenlebens. Die Ma'at beschreibt eine Form des Zusammenlebens in staatlichen Institutionen. Sie befreit den Schwachen vor der Willkür des Starken [3]. Den Beginn der Politik setzen wir jedoch im Allgemeinen mit der griechischen Demokratie um etwa 500 v.u.Z. fest. Die griechischen Stadtstaaten hatten eine Verfassung, die den *demos*, das Volk, regieren, grch. *kratein*, hieß, also die Demokratie. Dies geschah durch direkte Teilnahme an den Volksversammlungen. „Volk" darf allerdings nicht nach heutigen Kriterien definiert werden: Es ging nur um wenigstens ein Minimum besitzende Männer, weder Frauen noch Sklaven wurden beteiligt, man kann annehmen, dass z.B. maximal ein $^1/_5$ der zur Blütezeit 300.000 Menschen umfassend Einwohnerschaft Attikas „das Volk" war [79]. Unabhängig davon: Das geschah in der **Stadt**, der *polis*, ein Bürger war also immer gleichzeitig *Politiker*. Interessant also. Noch interessanter: Wer abseits und nur für **sich selbst**, griech.

idios, stand, sich nicht beteiligte und von der Allgemeinheit absonderte, war ein Abseitssteher oder *idiota*. Wer sich also nicht zu den Politikern zählen mochte, war ein Idiot.

Das würden die meisten heute im Allgemeinen derart krass eher wohl nicht mehr so sehen.
Ich möchte mich jedoch hier der Neigung zur *political correctness* entziehen und bekenne ganz trotzig: Doch, doch, ganz genau so ist es! Die alten Griechen hatten schon die richtige und auch heute noch gültige Einteilung. Wer sich überhaupt nicht an der Entwicklung der Gesellschaft beteiligt, und sei es nur durch das Mindestmaß an der Beteiligung von Wahlen, steht so dermaßen abseits, dass ihm offensichtlich auch die Entwicklung allgemeiner Lebensbedingungen völlig egal ist. Der ist im klassischen Sinn der typische *idiota*. Natürlich gibt es dann die Meckerer, die immer alles besser wissen und natürlich auch für alles die richtige Lösung parat haben, meist Einfachlösungen für überaus komplexe Probleme. Natürlich sehen wir diese idealen Weltverbesserer und Patentlöser, die vor ihrem PC sitzend die anderen „draußen" mit Hasstiraden überziehen und die gesamte Welt ohne jede Diskussion mit anderen erklären, verbessern und natürlich auch retten können. Diese

Leute müssen uns an Pathologen erinnern: Die können auch alles erklären und sagen, wie es richtig gemacht worden wäre - aber leider zu spät.

Diese Schrift soll also ein doppeltes Plädoyer sein: Zum einen möchte ich wenigstens versuchen, Interesse und dadurch wieder zumindest etwas Lust daran zu wecken, sich mit politischen Ideen und damit der Gestaltung des eigenen und des Lebensraums zukünftiger Generationen zu beschäftigen. Zum anderen möchte ich aber auch einen Beitrag zur Diskussion unter den Linken leisten. Meine politische Ideenwelt kreist um den Pol, den wir links zu nennen gewohnt sind. Dieser Pol wird mit den Grundwerten Freiheit, Gerechtigkeit und Solidarität beschrieben. Nun hat die linke Idee durch schlimmste Entwicklungen, die in ihrem Namen geschehen sind, erheblich an Faszination verloren. Und zudem ist die Situation heute nicht mehr so, wie sie bei der Entwicklung dieser Idee war. Deswegen muss die linke Idee neue Begründungen liefern und sich der Entwicklung stellen.
Beides möchte ich versuchen.

Es ist einfacher, bestimmte Ablagen zu haben. Deswegen hätte ich gerne eine Eingruppierung dieses Beitrags gefunden. Wohin gehört er: zu Ideologie, Philosophie oder Theorie?

- *Ideologie* ist mir von der Wortbedeutung her am liebsten: eigenes Denken, so heißt es wörtlich übersetzt. Aber Ideologie hat aus der Geschichte etwas Einengendes und Endgültiges, gerade dann, wenn sie zum erkennenden Gedankenweg einer Gruppe wird.

- *Philosophie* klingt akademisch und beschwört schwer verständliche Gedankengebäude herauf, die kaum zu erklimmen sind. Philosophie klingt den meisten sehr fern. Obwohl wir doch auch vel politisch philosophieren: Am Tisch beim Italiener mit Wein und Brot oder zu Hause beim Wälzen eines Problems. Damit sind wir schon „Freunde der Weisheit",

- *Theorie* hingegen macht das entspannte Gefühl des noch nicht ganz Fertigen und des weiter Auszubauenden. Theorie ist nie beendet. Sie ist auch nicht nur einer Disziplin zuzuordnen. Zur politischen Theorie gehören Kenntnisse aus Philosophie, Ökonomie, Soziologie, Psychologie, Biologie,

Literatur, Religion, Geschichte und natürlich Politik. Unter anderem.

Ich möchte meinen Beitrag also als einen zur politischen Theorie verstanden wissen.

Und ich möchte versuchen zu zeigen, dass Leidenschaft und Sachlichkeit in der Politik keine Gegensätze sind. Ganz im Gegenteil: Ohne das Brennen für eine Idee stottert der Motor, ohne sachliches Abwägen neuer Herausforderungen knirscht das Getriebe. Mit beiden Sichtweisen möchte ich für eine erneuerte linke Politik streiten. Sachlich. Und emotional.

Logisch!

Inhalt

1. Einführung
Unser Bild vom Menschen

Die Kernfrage politischen Tuns ist: Wofür und für wen tue ich etwas?

Seit der Mensch denkt, macht er sich Gedanken über sich. So dürfen wir jedenfalls annehmen, wenn wir Felszeichnungen in Höhlen oder auf bestimmten Flächen wie in Westschweden oder Norditalien sehen. Und seit es Menschen gibt, ändern sich die Vorstellungen darüber, was wir eigentlich sind. Im wahrscheinlich ersten Buch der Menschheit, dem Gilgamesch-Epos [44], wird der Mensch als sterbliches, aber im Grunde durch Wiederauferstehung ewig lebendes Wesen geschildert. In der zwölften und letzten Tafel des in Keilschrift niedergelegten Werks besucht Gilgamesch sogar die Totenwelt, um seinen Freund Enkidu zurückzuholen. Dieses Thema kennzeichnet viele Kulte und Glaubensrichtungen bis zum Christentum und Islam. Karl-Heinz Ohlig [93] schildert in seinem Buch über „Religion in der Geschichte der Menschheit" genau diese Frage: *Was wird aus mir*? als den Kern der Religiosität.

Und in der Folge daraus ergibt sich zwangsläufig die Frage nach dem Menschsein als Lebe- und Sozialwesen: *Was sind wir*?

Wenn wir Wissenschaft verstehen als Definition eines Gegenstandes, dieser Definition folgend entsprechende Untersuchungsmethoden entwickeln, um Grundbegriffe oder Elemente des Gegenstands genauer zu erforschen, haben wir es mit der Persönlichkeitsforschung um eine im Grunde noch gar nicht abgeschlossene Wissenschaft zu tun. Zwar passen alle dargestellten Bedingungen, sie sind in vielen Dingen aber so weit auseinander liegend, dass wir zumindest nicht von einer Einheitlichkeit auf diesem Gebiet sprechen können. Wir haben es hierbei ganz sicher nicht mit einer mathematisch nachweisbaren Größe zu tun, sondern befinden uns auf dem Boden von Philosophie oder manchmal auch nur Spekulation. Und es gibt natürlich rechte und linke Bilder vom Menschen: Betonen wir den Menschen als wettbewerbsorientiertes Einzelwesen oder sehen wir ihn in einem solidarischen Verbund anderer Menschen? Sind wir Baum oder Wald? Je nach unserer Sichtweise definieren wir das Menschsein als aus dem Individuum stammend und nur mittels Rechte durch dieses Individuum bestimmt oder als Gruppenwesen in einer sozialen Verbundenheit. Es gibt keinen wirklich schlüssigen Beweis für die Richtigkeit der einen oder anderen These, im Prinzip hängen wir hier Vermutungen oder Ansichten an. Wir können aus der Geschichte der Menschheit nur erkennen, dass wir nicht als Einzelkämpfer groß geworden sind, sondern unsere Entwicklung in einem Verbund mit anderen erreicht haben: Wir sind nicht der allein lebende Steppenwolf, sondern Teil eines Wolfsrudels. Aber die Frage nach der Notwendigkeit dieses Verbunds müssen wir uns auch stellen: Ist der Mensch ein soziales Wesen, weil er ein soziales Gen in sich trägt, oder ist er das, weil ihn das als Individuum weiter bringt? Ist also ein soziales Gen nur das Werkzeug für Egoismus? Diese Frage wird nicht zu beantworten sein.

Sandwespen gehören zur solitären Art von Wespen, sind also Einzelgänger unter der sonst staatenbildenden Familie, sie legen Eier und versorgen die Larven mit Beutetieren auch selbst. Jäger, die es auf die Larven der Wespen angelegt haben, werden durch verschiedene Blindausgänge der Nistanlage getäuscht. Natürlich lernen aber auch die Jäger, verstecken sich hinter dem Ausgang, aus dem die Wespe gerde ausfliegt, und plündern das Gelege, indem sie diesen Gang nehmen. Eine andere Bodenwespenart hat sich zu kleinen Verbänden zusammengeschlossen: Während eine oder zwei Wespen zum Einholen von Nahrung wegfliegen, halten eine oder zwei weitere am Gelege Wache. Es ist schon deutlich, welche der Arten Vorteile in der Evolution hat.

Die Frage nach dem sozialen Gen ist aber auch dadurch nicht beantwortet: Immer noch bleibt offen, ob dieses postulierte Gen nicht doch ein verkapptes Egoismus-Gen ist: Wir helfen uns gegenseitig, dann haben wir und alle unsere Nachkommen etwas davon.
Der us-amerikanische Philosoph John Dewey erklärt zu dieser Frage: „Die Gesellschaft besteht aus Individuen" ([31], S. 231)[4]. Er sieht

---

[4] Interessant, dass Deweys Ideen kulturell unterschiedlich aufgefasst werden. Im Original heißt der Satz: „Society is composed of individuals" (New York: 1953, Mentor Books, S. 148), also zusammengesetzt, italienisch wurde er so übersetzt: „La società è composta d'individui" (Bari: 1931, Laterza & Figli, S. 193). Klingt ähnlich, ist es aber nicht: „compostare" im Italien des Faschismus drückte das Zusammen-stehen (das beschreibt das Wortteil -stare), die fast militärische Einheitlichkeit aus, während „compose" schon deutlicher unterschiedliche Züge des Einzelnen trägt (wie in Komposition). Es ist also fast das Gegenteil: Einmal das feste, na-

drei Folgerungen aus diesem Gedankengang: 1. müsse eine Gesellschaft um der Einzelwesen willen existieren, oder 2. werde den Individuen Ziele und Lebensformen von der Gesellschaft vorgegeben oder 3. fordere die Gesellschaft Dienst und Unterordnung der Individuen. Diese Alternativen machten dann die Gesellschaftsform aus, schlicht: unsere Art zu leben. Dewey selbst sieht es als positiv an, Individuen und vergesellschaftende Beziehungen gleichrangige Rechte einzuräumen, denn sonst seien „die Individuen voneinander isoliert und schwinden dahin und vergehen; oder sie stehen sich feindlich gegenüber und ihre Konflikte stören die individuelle Entwicklung" (S. 232). Dazu ist zu bemerken, dass Dewey seine Theorie unter den Prämissen sieht: „Wachstum selbst ist das einzig moralische ‚Ziel'" (S. 221) und „Glück wird nur im Erfolg gefunden" (S. 223)[5].

Was hat Priorität und worauf begründen sich Rechte: Auf dem Individuum als einzig norma-

---

hezu unverrückbare Zusammenstehen, zum anderen eine auf sich aufbauende „Komposition" einzelner.

[5] Auch hier gibt es wieder unterschiedliche Übersetzungen: „Growth is the only moral ‚end'" (S. 141) und „Lo sviluppo è il solo ‚fine' morale" (S. 184), wobei *sviluppo* Fortentwicklung, nicht schlicht Größen- oder Mengenzunahme wie bei *growth* beinhaltet.

tiver Kraft oder auf der Gesellschaft mit supra-individuellen Normen? Wogegen grenzen sich, dies als fortführende Frage, individuelle Rechte innerhalb einer Gemeinschaft ab?

Für mich persönlich ist diese Frage vollkommen unerheblich: Ich sehe, dass Menschen zusammen leben, in Dörfern und Städten wohnen, dass die wichtigsten Momente im Leben wie Geburtstage, Hochzeiten oder auch Totengeleit immer mit anderen gemeinsam gefeiert oder begangen werden, dass Freude und Trauer immer gemeinschaftlich geteilt, dass unsere Kultur und Sprache auf Gemeinsamkeiten ausgerichtet sind[6], dass ein ganz wichtiger Anteil unseres Lebens der Erfüllung sozialer Bedürfnisse dient, dass wir auch unsere Gesellschaft mittlerweile völlig in Arbeitsteilung eingerichtet haben. Und zwar nicht erst seit der *Fordisierung* unserer Industriegesellschaft, also der getakteten arbeitsteiligen Gesellschaft mit Henry Fords Erfindung des Fließbands als Sinnbild hierfür, sondern bereits mit den ersten Siedlungen, als Menschen sich anschickten, Boden zu

---

[6] Gehen wir doch nur schon einmal, als Versuch, alleine essen: Da sitzen wir dann als der „Eigenbrödler". Essen wir mit anderen zusammen, sind das unsere „Kumpane" (lat.: *cum pane* = mit Brot).

roden, andere dafür auf Jagd gingen, es später
wieder andere gab, die den Rohstoff Nahrung
weiter zu bearbeiten verstanden oder ihn aus
dem Meer holten, Kleidung und Werkzeuge in
immer besserer Qualität herstellten. Menschen
teilten ihre Fähigkeiten und Kenntnisse miteinander. Damit hatten alle Vorteile: Das Individuum und die Gesellschaft.

In der Geschichte der Menschheit gab es immer
einen Gemeinsinn. Dass wir uns diese Frage:
*Was ist der Mensch: Einzelkämpfer oder Grup-
penwesen?* überhaupt neu stellen müssen, liegt
am Siegeszug des Neoliberalismus, der nur unverbundene Monaden (Einzelwesen) kennt, die
sich in wettbewerbsorientierter Konkurrenz
gegeneinander durchsetzen müssten. Es ist auch
nicht erstaunlich, dass Klassiker dieses Denkens
entweder aus den USA direkt stammen oder wie
der Österreicher Friedrich August von Hayek
im angloamerikanischen Kulturkreis den größten Teil ihres Lebens verbracht haben. Und es
ist auch überhaupt nicht erstaunlich, dass dieses
Menschenbild mittlerweile von Ökonomen geschrieben wird: Bei dieser Denkrichtung zählt
nur die Zahl, eine soziale Verbindung wird ausschließlich über Warentausch oder Arbeits-
kraftangebot definiert. Und es ist daher auch in

keiner Weise sensationell, dass die wichtigsten Beraterinnen und Berater der Politik Ökonomen sind[7]. Und noch etwas: Diese Überzeugung gibt es erst seit einigen Jahren. Vorher ist niemand auf die Idee gekommen, dass Menschen Einzelkämpfer sind und sich in Konkurrenz mit anderen beweisen müssten. Und vorher kamen die Berater der Regierungen eigentlich nie „aus der Wirtschaft". In dieser Grundannahme, die seit einer Generation unser Leben bestimmt, ist der Mensch ein permanent konkurrierendes Wesen, das andere Menschen nur als Instrument begreift, das aber keine gemeinschaftlich ausgerichteten Interessen kennt. Und ein weiteres: 2014 wurde am Kanzleramt ein Schar von Verhaltensökonomen eingestellt, die „Entwicklungen alternativen Designs von politischen Vorhaben" beschreiben und entfalten sollen [100]. Es ging hierbei um das *Nudging*, ein *Anstupsen* zu bestimmten Handlungen. Ein alltägliches, oft zitiertes Beispiel: An den Bankautomaten wurde früher sehr oft nach dem Geldabheben die

---

[7] Es gibt sogar eine von der FAZ erhobene Rangliste der von der Politik am meisten geschätzten Ökonomen (http://www.diw.de/documents/publikationen/73/diw_01. c.496738.de/dp1449.pdf). Sie machen 2/3 aller „Meinungsmacher" aus. Nicht-Ökonomen wie Herfried Munkler und Franz Walter fallen demgegenüber ab.

Karte im Kartenschlitz vergessen. Jetzt gibt es ein *Erinnerungsanstupsen*: Das Geld wird erst ausgezahlt, wenn die Karte entnommen wurde. Bei hochkomplexen Problemen wie Renten- oder Lebensversicherungen wird das Anstupsen schon problematisch. Und natürlich kann es auch manipulativ ausgenutzt werden. Deshalb ja wohl auch die Arbeitsgruppe am Bundeskanzleramt - so vermute ich.

Ein gutes Beispiel für das *nudging* bei Abstimmungen ist der Wahlschein, den Hitler 1938 bei der Abstimmung über den Anschluss Österreichs an das Deutsche Reich drucken ließ:

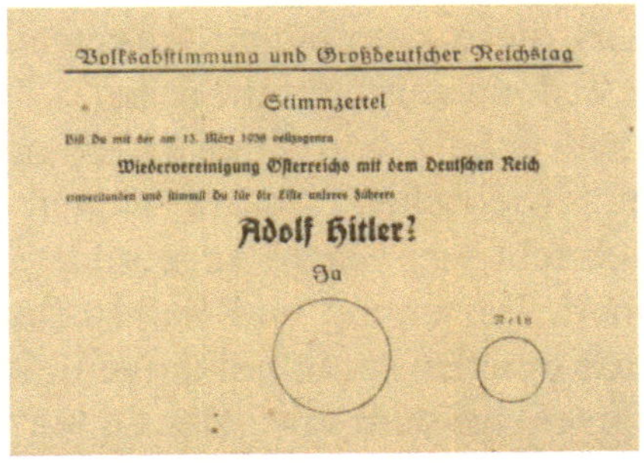

Abb. 1

Noch eine Seite über Kommunikation

Ein Bild vom Menschen beinhaltet immer auch die Haltung zu Inhalten und Formen eines Um-

gangs miteinander, also dem, was wir Kommu-
nikaton nennen.

Der in den USA lehrende Österreicher Paul
Watzlawick hat fünf Axiome zur Kommunikation erstellt ([128], 2. Kapitel). Die ersten beiden sind für uns wichtig: „Man kann nicht nicht
kommunizieren" und „Jede Kommunikation hat
einen Inhalts- und einen Beziehungsaspekt".

Wir gehen in unser Zugabteil mit dem reservier-
ten Platz und werfen ein freundliches „Guten
Morgen" in den Raum. Der eine Mitreisende
liest ungestört seine Zeitung weiter, der andere
holt seine sogar erst demonstrativ aus einer Ta-
sche. Obwohl kein Wort gefallen ist, wissen wir
sofort, was diese *nonverbale* Aussagen bedeuten: Hier will niemand mit dir reden.

Friedemann Schulz von Thun [116] erweiterte
den Watzlawickschen Ansatz weiter: Er hat
einer Nachricht vier Seiten zugeordnet: Sachin-
halt, Appell, Beziehung und Selbstoffenbarung
treffen sich in jeder kommunikativen Situation -
und entsprechend wird mit „vier Ohren" gehört,
die diesen Seiten entsprechen.

Wenn ich in einer Runde laut feststelle: Das Bier ist alle!,
so ist das eine sachliche Darstellung: Mein Glas ist leer.
Der Wirt wird diese sachliche Darstellung als Aufforderung deuten, ein neues zu zapfen. Freunde könnten sich
zu rühmendem Staunen gedrängt sehen: Welch ein Kerl,
hat der einen Schluck! Am Nebentisch könnten Frauen

resigniert schaudern: Welch ein Depp, warum säuft der so viel? Zuhause am Abendbrottisch kann dieselbe Äußerung als Hinweis an Frau oder Kinder gewertet werden: Zack, in den Keller, Vattern braucht ein neues Bier. In diesem Falle offenbarte ich mich als weisungsbefugter Hausherr und mieser Macho. Es könnte aber auch der Hinweis sein, jetzt ist es mir genug, kein neues mehr. Kommunikation muss also immer im Zusammenhang gesehen werden. Und in diesem Beispiel werden die vier Kommunikationsseiten sichtbar.

Und genau das ist in der Politik immens wichtig. Eine sachliche Äußerung, wie ja so oft gefordert, kann eigentlich nur unter ganz bestimmten Äußerungen gelingen. Jede Kommunikation hat, wie von Watzlawick, Schulz von Thun und dem bisher noch nicht dargestellten Noam Chomsky [22] betont, neben der sachlichen Seite eben auch die emotionale. Ein Versuch verdeutlicht das: Der politische Gegner kann sagen, was er will, beginnen wir unseren Antwortbeitrag mit „Ich möchte die Diskussion jetzt endlich auf die sachliche Ebene zurückführen", haben wir ihn als elenden Unsachlichen entlarvt oder zumindest dargestellt. Auch ein lauter Protestruf wie „Was soll denn das jetzt?" nutzt ihm da nichts, sondern zerrt ihn tiefer in die Sachlichkeitsfalle. Bei allen Beiträgen müssen wir diese doppelte Mitteilungsebene berücksichtigen. Eine Äußerung nennen wir *kon-*

gruent, wenn sie in sachlicher und emotionaler, also in sprachlicher und nichtsprachlicher Weise miteinander deckungsgleich sind, wenn also die Signale in die gleiche Richtung zielen. Jemand mit Trauermiene wie Tosca über der Leiche Cavaradossis am Ende der Oper, der laut dazu aufruft, *jetzt mal Stimmung hier, Leute*, verwirrt nur. Inkongruente Äußerungen wie die eben dargestellte führen den Kommunikationspartner in eine Doppelbindungsfalle: Soll er nun das traurige Gesicht oder die Aufforderung zu Konfetti und Humbatätärä als verbindliche Mitteilung nehmen?

Schulz von Thun [116] hat dabei das „Eisbergmodell" vorgestellt: Wie bei einem Eisberg ist bei der Kommunikation nur ein sehr geringer Teil direkt erkennbar, die meisten Signale sind nicht direkt erkennbar und stellen sich im Gesamt erst da.

Das ist ein ganz wichtiger Hinweis, dass es auch in der politischen Diskussion nicht ausschließlich auf den Austausch sachlicher Argumente ankommen kann. Die meisten Anteile an jeder, auch der politischen Kommunikation sind emotional. Das kann dazu verführen, die eine oder die andere Seite zu betonen. Die Akzentsetzung auf die emotionale Seite mag zu einer festen Anhängerschaft führen, lässt aber eine

Sach- und Lösungskompetenz völlig vermissen. Und die Betonung auf die rein sachliche Ebene gelegt mag andererseits zwar interessante Ideen hervorbringen, der Funke zwischen allen beteiligten Gruppen mag aber nicht so recht zünden: Die Anhängerschaft für solche rein sachlich dargestellten Ideen ist demnach auch eher vage.

Aber jetzt ist es doch mehr als eine Seite geworden.

Zusammenfassung

Bewusst oder unbewusst tragen wir ein Bild vom Menschen in uns, das uns entweder als Einzelkämpfer oder als Gemeinschaft ausweist. Hiernach entwickeln sich unsere eigenen Begründungen für unser Tun: Als im Extremfall ausgewiesene Egoisten oder als sich für andere Aufopfernde. Eine schlüssige logische Begründung, die nicht nur auf den Ideen aufbaut, die sie beweisen sollen, gibt es allerdings weder für die eine noch für die andere Richtung. Eigene Erfahrungen und Sozialisation lassen uns jedoch eine Vorstellung von einem Menschsein erwachsen. Mit unserem Menschenbild haben wir die Basis für die weiteren Aktivitäten und deren Rahmen gelegt.

Das linke Projekt einer freien, gerechten und solidarischen Welt basiert auf der Vorstellung von politischen, ökonomischen und sozialen Grundrechten. Im Gegensatz zum Neoliberalismus benötigt eine soziale Demokratie staatliche Strukturen, die einen Rahmen geben für Freiheit, Daseinsfürsorge und Ausgleich. Diese Strukturen werden nicht einem wie auch immer definierten Markt und den dahinter stehenden Mechanismen überantwortet. **Linke Politk fühlt sich dem Schwachen verbunden, der durch die Politik von Ausgleich und Unterstützung seine Persönlichkeit entfalten können soll.** Oder anders ausgedrückt: Soziale Demokratie hat ein anderes Normenverständnis und definiert sich nicht über ökonomische Kategorien - im Hamburger Grundsatzprogramm der SPD von 2007 heißt es dazu, dass „wir auf dem Primat demokratischer Politik [bestehen] und ... der Unterwerfung des Politischen unter das Ökonomische" widersprechen. Die Aufgabe der sozialen Demokratie sehe ich darin, Kräfte und Anstrengungen nicht primär auf die individuellen Rechte zu fokussieren, sondern sie auf soziale Freiheiten und Entwicklungen zu richten.

Auf der anderen Seite sehen wir auch, was passiert, wenn ausschließlich sachfreie, emotionale

Politik betrieben wird. Die Einengung des Staates auf ein dumpfes Wir-sind-das-Volk-Gefühl, das viel brutaler mit abweichenden Meinungen umgeht als die gescholtene *political correctness*, bedeutet einen Verlust von Kommunikation und Entwicklung. *Political correctness* ist immerhin der Versuch, mit anderen respektvoll umzugehen und ihnen bereits mit der Anrede höflich zu begegnen. Wer diesen Respekt auf den „Müllhaufen der Geschichte" werfen will, verzichtet damit selbst auf Respekt und Achtung.

> ***Neoliberalismus*** *setzt sich aus den Aspekten Rationalität, Individualismus und negtiver Freiheit als* Freiheit *von zusammen. Der N. sieht den Menschen als wettbewerbsorientierten Marktteilnehmer, also als Konkurrenten anderen gegenüber.*

Die soziale Demokratie hat somit zwei Gegner: Den Neoliberalismus, der den Nächsten nur als Abgrenzung des eigenen Ichs begreift und Solidarität als dem Menschen fremd auffasst. Und der den Menschen immer als kühl kalkulierenden Rationalisten versteht. Auf der anderen

Seiten hingegen steht der Rechtspopulismus, der die Menschen als vereinheitlichte Masse ohne individuelle Eigenheiten definiert, der nur ein einziges gemeinsames Interesse innenwohne. Der Rechtspopulismus beschreibt die nicht-elitären Menschen als uneigennützig, rechtschaffen und rücksichtsvoll, ja: als edle Recken, während er die von ihm als Eliten *entlarvte* Menschen als eigenützig und undemokratisch erkennt (auf dieser Ebene treffen sich Rechtspopulisten und Linkspopulisten wie *Podemos* in Spanien und *Syriza*, in Griechenland, während die *Cinque Stelle* in Italien eigentlich eher wie ein inkompetenter Komödiantenstadl wirken, die allerdings wie die *Cinque-Stelle*-Stadtregierung in

> *Rechtspopulismus* versteht sich als nichtelitäre Bewegung mit scharfer Abgrenzung gegen Regierungen. Die Rechtspopulisten sehen sich als lauter, unkorrumpierbar, antiplural und basisdemokratisch. Sie sehen das monoethnische Volk als Zentrum ihres Wollens. Ihre Lösungsansätze sind insgesamt die einer Feindaustreibung.

Rom unter Bürgermeisterin Virginia Raggi überraschend schnell die Mechanismen von Vetterleswirtschaft und Korruption verinnerlicht haben). Dieser Rechtspopulismus arbeitet nur über instrumentalisierte Emotionen, wie bei der kühl berechneten Attacke des thüringischen AfD-Chefs zum kalkulierten Tabubruch („Wir brauchen eine erinnerungspolitische Wende um 180°" und zum Holocaust-Denkmal „Wir Deutschen, also unser Volk, sind das einzige Volk der Welt, das sich ein Denkmal der Schande in das Herz seiner Hauptstadt gepflanzt hat") vom 18. Januar 2017. Den Schritt vom Populistischen ins Pathologische hat er dann aber mit seiner Äußerung in derselben Rede getan: Richard von Weizsäckers prominente Rede zum 40. Jahrestag des Kriegsendes am 8.5.1985 sei „eine Rede gegen das eigene Volk und nicht für das eigene Volk" gewesen.

Wobei schon in der Geschichte des Auszugs aus Ägypten (Ex. 23, 2) ein Verbot des Rechtspopulismus zu erkennen ist[8].

Wir dürfen es nicht vergessen: **Aus der neoliberalen Desolidarisierung folgte die pathologische, weil andere ausschließende Resolida-**

---

[8] *Du sollst der Menge nicht auf dem Weg zum Bösen folgen.*

risierung der Völkisch-Populistischen. Zwischen Neoliberalismus und Populismus liegt „vielleicht nur jener Münzkörper, der zwei Seiten einer Medaille trennt und verbindet" ([94], S. 181).

Die Idee der sozialen Demokratie steht dazwischen mit den Werten einer solidarischen, subsidären Gemeinschaft, mit ihren Vorstellungen von Inklusion und Unterstützung als gemeinschaftliche Aufgabe. Während der Neoliberalismus nur vorgeblich sachlich entscheidende Individuen kennt, versteht der Rechtspopulismus Menschen uneingeschränkt als emotionalisierte, entindividualisierte Massen.
Die soziale Demokratie hat ein Menschenbild mit bio-psycho-sozialen Dimensionen entwickelt und arbeitet im Gegensatz zu beiden sachlich. **Und** emotional.

2. Neoliberalismus
2.1. Ökonomisches Denken

Mit dem Menschenbild der Neoliberalen müssen wir uns intensiv beschäftigen. So sieht Robert Nozick in einem Minimalstaat die Möglichkeit zur völligen Freiheitsentfaltung des Individuums. Er fordert: „Unsere Hauptergebnisse bezüglich des Staates lauten, dass ein Minimalstaat, der sich auf einige wenige eng umgrenzte Funktionen wie den Schutz gegen Gewalt, Diebstahl, Betrug oder die Durchsetzung von Verträgen beschränkt, gerechtfertigt ist, dass jeder darüber hinausgehende Staat Rechte der Menschen, zu gewissen Dingen nicht gezwungen zu werden, verletzt und damit ungerechtfertigt ist;…" ([90], S. 11)[9]. In die Realität umgesetzt würde eine solche Radikalforderung bedeuten: Keine allgemeine Schul- oder Uni-

---

[9] Zweierlei ist anzumerken: In der 2. Auflage von 2006 hat der 1987 wegen Steuerhinterziehung rechtskräftig verurteilte FDP-Politiker Otto Graf Lambsdorff ein geradezu hymnisches Vorwort geschrieben. Er schrieb dort, dass aus liberaler Perspektive der Staat nur *eine* Funktion habe: die Freiheitsrechte zu sichern (S. 9). Und zum anderen muss gerechterweise erwähnt werden, dass sich Robert Nozick später ([91], 2. Aufl. dt.: 1993) von diesem radikalen Ansatz etwas entfernt hat.

versitätsbildung, sondern nur solche auf freiwilliger und natürlich selbst finanzierter Basis; kein Umweltschutz, sondern nur Vereinbarungen über bestimmte Maßnahmen; keine allgemeine Infrastruktur, sondern Straßen, Wasserleitungen und Strom nur dort, wo es sich lohnt und wo es potente Geldgeber gibt; usw. usf. Und auch: Keinerlei Einmischungen in persönliche Vorlieben wie Heroin und Amphetamine oder Motoradfahren ohne Helm, die Sicherheitsgurtbenutzung im Auto steht demnach auch jedem frei. Für uns, die von allgemeinen Menschenrechten ausgehen, ist eine solche Gesellschaft weder erstrebenswert noch gar vorstellbar.

Friedrich Hayek (das Adels-„von" hat er in England wegfallen lassen) bestimmt als Ökonom den Begriff Freiheit. „Der Weg zur Knechtschaft" heißt sein in Deutschland von der „Friedrich-Naumann-Stiftung Für die Freiheit" gefördertes Buch [52][10]. Auch hier dasselbe Muster: Alle sozialen Förderungen führten zur Knechtschaft, weil sich der Mensch nur in seiner Funktion als wettbewerbsorientierter Marktteilnehmer als Mensch erweisen und ent-

---

[10] Lobpreisendes Vorwort von 1990 auch hier vom vorbestraften Freiheitsförderer Otto Graf Lambsdorff.

wickeln könne. Soziale Sicherung führe zur Knechtschaft.

Auch der befreundete Kollege Hayeks, Milton Friedman, war Ökonom mit der Neigung, den Menschen nur ökonomisch zu sehen. In seinem Standardwerk „Kapitalismus und Freiheit" [42] beschreibt er, zusammen gefasst, soziale Leistungen ähnlich wie Hayek als freiheitsfeindlich, geht in seinen Ansätzen aber sogar noch darüber hinaus und sieht in seinem Spätwerk „Chancen, die ich meine", das er zusammen mit seiner Frau Rose veröffentlichte, den Wohlfahrtsstaat als den größten Feind der Freiheit ([43], S. 134). Friedman erhielt 1976 den Wirtschaftsnobelpreis[11] für seine Arbeiten zum Monetarismus (die Geldmenge sei Ursache für Inflation und dadurch Armut). 1973 allerdings wurde er nach dem blutigen Putsch der Armee unter General Pinochet in Chile zusammen mit seinen Schülern der Universität Chicago (daher

---

[11] Ein Preis, den Alfred Nobel übrigens nie gestiftet hat. Er wurde erst 1969 von der schwedischen Reichsbank zu deren 300. Gründungstag gestiftet. Da das Preisgeld immer dem der Nobelpreise entsprechen soll und die Preisträger mit den übrigen Nobelpreisträgern geehrt werden, wird er fälschlich als Nobelpreis bezeichnet. Er heißt offiziell: „Alfred-Nobel-Gedächtnispreis für Wirtschaftswissenschaften"

die Bezeichnung als *Chicago Boys*) als Berater für Wirtschaftsentwicklung in dem jeglicher Freiheitsrechte beraubten Land bestellt und mit sämtlichen Vollmachten für eine Verwirklichung seiner Ideen ausgestattet. Erstaunlich, dass jemand, der doch vorgeblich für Freiheit als alleroberste Richtschnur eintritt und sogar eine Altersrente als der Freiheit abträglich bezeichnet, sich mit den Mördern am eigenen Volk gemein macht. Alles, was er zu diesen Mördern zu sagen wusste, war: „Eine weit extremere Inflation trug bei zum Sturz von Allende im Chile des Jahres 1973 und Isabel Perons in Argentinien im Jahre 1976. In beiden Staaten folgte die Machtübernahme durch ein Militärregime" ([43], S. 270). Das war alles[12]. Freiheitsliebe für alle sieht anders aus. Wenn sie aufrichtig gemeint sein sollte.

---

[12] Und es war sogar noch falsch. Denn die Wirtschaft in Chile wuchs unter Allende (das Bruttosozialprodukt stieg um 8,9%, die Arbeitslosigkeit halbierte sich von über 8 auf unter 4%) und genau das war es, was sich die USA nicht leisten konnten: Ein erfolgreiches linkes Modell in Südamerika. Deshalb inthronisierten die USA einen faschistischen Mörder als Chef einer Militärjunta. Die „Inflation" bei Allende war unerheblich - und lag 1976, 3 Jahre nach dem Putsch, bei über 340%! Sie fiel erst Anfang der 80er Jahre. Nicht unbedingt ein Beleg für die Richtigkeit von Friedmans Thesen.

Unerträglich.

Der neoliberale Ökonom kennt nur die *negative Freiheit von*: Gefängnis, Verbot der Meinungsfreiheit, Fesseln. Das Gegenteil ist die *positive Freiheit zu*: Entwicklung, Vewirklichung. Diese Einteilung geht auf Isaiah Berlin [9] zurück, die er bei seiner Antrittsvorlesung in Oxford 1958 gehalten hat.

Die moderne Form des *homo oeconomicus* beschreibt Gary S. Becker: „Der ökonomische Ansatz geht davon aus, dass sämtliches Verhalten ein Ausdruck der Maximierung von Nutzenfunktionen ist, die von verschiedenen Gütern (commodities) abhängen." So ist die Formel für Altruismus: $U^h = U^h (X_h, X_i)$[8] ([6], S. 321). Noch viel erstaunlicher seine Theorie der Heirat (S. 275, siehe hier Abb. 2).

Es mag daher nicht verwundern, dass Beckers Ansatz aus gutem Grund als „ökonomischer Imperialismus" verstanden wird, wobei Imperialismus „als eine neutrale Bezeichnung für das Phänomen (verwendet wird), dass der ökonomische Ansatz auch auf Probleme angewendet wird, die nicht zum traditionellen Problemkanon der Wirtschaftswissenschaften gehören" ([97], S. 1).

Aus (A1) folgt unmittelbar, daß wenn $y_2 > y_1$,

(A2) $\qquad f(x_2, y_1) - f(x_1, y_1) > f(x_2, y_2) - f(x_1, y_2)$.

Ein analoger Beweis zeigt, daß, wenn $\partial^2 f / \partial x \partial y > 0$,

(A3) $\qquad f(x_2, y_1) - f(x_1, y_1) < f(x_2, y_2) - f(x_1, y_2)$.

Nun bin ich in der Lage, das folgende Theorem zu beweisen: Angenommen $f(x, y)$ erfülle $\partial^2 f / \partial x \partial y > 0$. Nehmen wir an $x_1 < x_2 < \ldots < x_n$ und $y_1 < y_2 < \ldots < y_n$. Dann gilt

$$\sum_{j=1}^{n} f(x_j, y_{i_j}) < \sum_{i=1}^{n} f(x_i, y_i)$$

(A4) $\qquad$ für alle Permutationen

$$(i_1, i_2, \ldots, i_n) \neq (1, 2, \ldots, n)$$

Nehmen wir das Gegenteil an, nämlich daß die maximale Summe bei der Permutation $i_1 \ldots i_n$ gegeben ist, für die nicht $i_1 < i_2 \ldots < i_n$ erfüllt ist. Dann gibt es (wenigstens) ein j_0 mit der Eigenschaft $i_{j_0} > i_{j_{0+1}}$. Daher gilt

(A5) $\qquad f(x_{j_0}, y_{i_{j_0}}) + f(x_{j_{0+1}}, y_{i_{j_{0+1}}}) < f(x_{j_0}, y_{i_{j_{0+1}}}) + f(x_{j_{0+1}}, y_{i_{j_0}})$,

entsprechend (A3), denn $y_{i_{j_{0+1}}} < y_{i_{j_0}}$. Dies widerspricht jedoch der Optimalität von $i_1, \ldots, i_n$. Q.E.D.

Ein analoger Beweis zeigt, daß, wenn $\partial^2 f / \partial x \partial y < 0$,

$$\sum_{j=1}^{n} f(x_j, y_{i_j}) < \sum_{i=1}^{n} f(x_i, y_{n+1-i})$$

(A6) $\qquad$ für alle Permutationen

$$(i_1, i_2, \ldots, i_n) \neq (n, n-1, \ldots, 1)$$.

2. Nicht erwerbstätige Frauen

Wenn F nicht erwerbstätig ist, gilt

(A7) $\qquad S = T w_m + T \hat{w}_f + r(l_{pm}, l_{pf})(K_m + K_f) - l_{pm} w_m - l_{pf} \hat{w}_f$,

wobei, solange sich F im Grenzbereich einer Beteiligung am Erwerbsleben[93] befindet, $\hat{w}_f$, der „Schatten"-Preis von F, größer ist als w_f, ihre Marktlohnrate, und l_{pm} und l_{pf} die Zeit bezeichnen, die M bzw. F dem Portfolio-Management widmen. Wenn die Produktionsfunktion für Z in Zeit und Marktgütern homogen vom Grade 1 ist, gilt $Z = S/C(p, w_m, \hat{w}_f, A_f, A_m)$. Dann ist

---

[93] In einer früheren Fassung dieses Abschnitts wurde die Analyse unter Verwendung des Schattenpreises von F durchgeführt, sie enthielt jedoch einige Fehler. Ich verdanke die gegenwärtige Formulierung H. Gregg Lewis.

Es gibt sogar Wirtschaftstheoretiker, die Wahlerfolge berechnen zu können glauben. Aus ihrer ökonomischen Sicht wird eine pegidaeske Anschauung der Politik. So schreibt Anthony Downs: „Parteimitglieder haben als Hauptmotiv den Wunsch, sich die mit dem Regierungsamt verbundenen Vorteile zu verschaffen; daher streben sie nicht die Regierung an, um vorgefasste politische Konzepte zu verwirklichen, sondern formulieren politische Konzepte, um an die Regierung zu kommen" ([33], S. 290). Nach seiner Auffassung finden sich also nicht Menschen mit einer Haltung und einem Wertekanon zusammen, um für ihre Überzeugung gestalterische Unterstützung zu bekommen, sondern Menschen, die sich zum Ziel gesetzt haben, die Vorteile eines Regierungsamtes auszunutzen, schustern sich Programme zusammen. Und das dürften sogar nur wenige sein (denn alle etliche hunderttausend Parteimitglieder können ja wohl kaum Regierungsmitglieder werden, eine solche Aufblähung der Regierung hat ja noch nicht einmal Helmut Kohl geschafft, der in etlichen seiner Kabinette immerhin um die 40 Parlamentarische Staatssekretäre unterhielt). Weiter behauptet Downs, „dass die Wähler Ideologien zur Abkürzung der Analyse politischer Konzepte und Aktionen verwenden. Weil es Ungewissheit gibt, brauchen die Wähler solche Abkürzungen; sie werden infolgedessen von den Parteien geschaffen" (S. 99). Oder: „Aber den Bürgern wird eine Wahlbeteiligung als wenig sinnvoll erscheinen, wenn alle angebotenen Alternativen gleich sind; daher müssen Unterschiede zwischen den Wahlprogrammen gemacht werden, um die Wähler an die Urnen zu locken" (S. 94). Die Mechanismen von Überzeugung, Aktion und Abstimmung scheinen diesem Ökonomen sichtlich fremd zu sein. Er weiß darüber hinaus auch genau, wie man Wahlen gewinnen kann, ökonomisch klar definiert: „Die Opposition braucht nur die Strategie der Angleichung anzuwenden und die Wahl auf irgendein Arrow-Problem zuzuspitzen; dann wartet sie, bis die Regierung sich in diesem Punkte festlegt. Daraufhin entscheidet sie sich einfach für die politische Linie, die jener, für die sich die Regierung entschieden hat, entgegengesetzt ist, und schon ist sie gewählt" (S. 60)[13].

---

[13] Downs hat vorher die Begriffe definiert: „Strategie der Angleichung": Annahme eines politischen Programms durch die Opposition, das mit dem regierenden Partei in jeder Einzelheit identisch ist. „Arrow-Problem": Benannt nach Kenneth Arrow. Der postulierte die Niederlage einer regierenden Partei, wenn die Opposition es schaffe, aus der Möglichkeit von mindestens drei Alter-

Im Grunde genommen werden durch diese Ansicht alle diejenigen richtiggehend beleidigt, die sich bewusst und engagiert für eine Überzeugung aussprechen. Die sogar für ihre Überzeugungen wie Freiheit, Gerechtigkeit, Gleichberechtigung oder Wahlrecht in Gefangenschaft, Folter und sogar in den Tod gingen. Anthony Downs kennt nur eines: „Rationale Menschen interessieren sich nicht für politische Konzepte schlechthin, sondern für das Nutzeneinkommen, das ihnen zufließt" (S. 41). Was kann eigentlich Anthony Downs auf Otto Wels mutige Äußerung vom 23.3.1933 in der bereits von SA-Schlägern besetzten Krolloper erwidern: „Freiheit und Leben kann man uns nehmen, die Ehre nicht"? Es waren die mutigsten Worte, die jemals in einem Parlament gesagt wurden. Welches Nutzeneinkommen hatte Wels davon - außer der zu erwartenden Inhaftierung samt Folter und eventuelle Ermordung? Warum macht man das, wenn das Nutzeneinkommen doch offensichtlich äußerst prekär ist?

Es gebe, so diese Schule, eine Präferenzrangfolge, nach der sich die Menschen richteten. Also, nach dem was am meisten Nutzen ver-

---

nativen zu einem Problem diejenige zu suchen, die konträr zu dem der Regierung stehe und von sehr vielen präferiert werde.

spricht, wird gehandelt. Und genau dieser Punkt muss betont werden, denn er widerspricht in sich schon dem Grundgedanken des rationalen Handelns: Das „Nutzeneinkommen, das ihnen zufließt", kann gar nicht berechnet oder beschrieben werden. Es geht deshalb nicht um das Nutzeneinkommen an sich, sondern um einen *erwarteten* Nutzen. Erwartungen können sich aber als irrig erweisen. Der Student, der sich einen großen Nutzen von einer noch größeren Wohnung direkt neben der Weser an der Schlachte, an der Alster oder auch neben dem Englischen Garten verspricht, weil er dann Ruhe und Abwechslung verbinden könne, wird vielleicht merken, dass er für diese Wohnung einen viel zu hohen Aufwand in Form von Nebenbeschäftigungen treiben muss. Damit wird im Nachhinein die an sich rational geplante Entscheidung irrational. Der überzeugte Neoliberale wird einwenden, die Entscheidung sei eben nicht ausreichend durchdacht gewesen, was aber auch nicht unbedingt stimmt: Die Kosten-Nutzen-Analyse hat unser Student schon erwogen, dennoch hat er die tatsächliche *emotionale* Belastung falsch eingeschätzt, denn statt am Wochenende die schöne Wohnung genießen zu können, wendet er bei *Mecces* Fleischfladen. Das **sachliche** Bild der Belastung hat er schon vor sich gehabt, die **emotionale** Schwere des Ausfalles aber nicht gekannt. Oder anders: Das Gefühl von Entbehrung (die anderen mit kleineren Wohnräumen, freudig erregt vor einem Jazz-Kneipenbesuch, lassen sich gerade von ihm noch einige der in Brötchen verpackten Buletten geben) musste erst *erfahren* werden. Das ist gemäß Ex. 5, 9[14] jedenfalls auch ein Ansatz. Der rational denkende Mensch muss sich also auch den emotionalen Kosten stellen. Die kann aber niemand berechnen - vielleicht mit Ausnahme von Gary Becker, der ja auch Altruismus und den Erfolg von Hochzeiten berechnen zu können glaubt.

Etwas anderes soll zumindest angesprochen werden: Der isolierte, neoliberale Mensch ist - so die Selbstbeschreibung - der sich selbstentfaltende Mensch. Er braucht eigentlich keine anderen: Das Netz bietet unendlich viele Fernstudien an, seinen Urlaub muss man nicht im Reisebüro besprechen oder sich gar dort, welch altertümliches Relikt überwunden geglaubter Epochen, *beraten* lassen, nach Paarungen Lechzende finden in katalogartigen Datenbanken Hilfe bei der Lösung ihres Verlangens, Musik

---

[14] *Man drücke die Leute mit Arbeit, dass sie zu schaffen haben und sich nicht um falsche Reden kümmern.*

und Literatur kann man sich sofort in unglaublichen Mengen herunterladen und hat sie dann für sich, ja, jeden Tag werden über Social Media mehr *Freunde* oder *Abonnenten* getroffen, als andere Menschen jemals in ihrem Leben begegnet sind. Für sich alleine bleibt man dann allerdings auch mit einem Gefühl, dass wir Menschen eigentlich seit Beginn unserer Existenz mit anderen teilen und damit mindern konnten: Angst. Angst vor Abstieg, Ablehnung, Abgleiten. Im Netz findet man weder als isolierter Neoliberaler noch gar als Rechtspopulist Vertrauen und Schutz. Vertrauen ist aber die Grundbedingung einer humanen Existenz: Ich muss Vertrauen haben können, dass sich auch andere an Regeln halten, dass Gas und Strom vorhanden sind, ich muss Freunden vertrauen, dass sie für mich da sind, wenn es mir materiell oder emotional schlecht geht oder wenn meine SAM-App (Self-help for Anxiety Management)[15] mir mal nicht mehr weiter hilft [109]. Für diese Situationen gibt es keine sachlichen Lösungen. Aber emotionale.

---

[15] Wem diese eine App nicht reicht: Es gibt noch Inner Balance, Worry Watch, Headspace, Panikattacke oder Panik-Ambulanz, wahrscheinlich mittlerweile erheblich mehr.

Und gerade das wird ja von den Neoliberalen negiert: Der rationale Mensch entscheide nur rein sachlich. Und nicht emotional.
Was allerdings ein völlig falscher Ansatz ist.

Die dargestellten Autoren sind Vertreter der „rational choice" genannten Denkschule. Diese Richtung geht davon aus, dass Menschen rationale Entscheidungen im Sinne eines nutzenmaximierenden und kostenminimierenden Zieles treffen. Menschen sind, so der eine Kerngedanke des Neoliberalismus, rational entscheidende Wesen. Der andere Kerngedanke findet sich in dieser Theorie auch wieder: Menschen sind Individualisten, die nur für sich alleine entscheiden. Wir finden hier zweierlei Aussagen vor: Menschen entscheiden nur rational und nur für sich. „There is no such thing as society" soll Margaret Thatcher gesagt haben: Es gibt so etwas wie Gesellschaft nicht[16]. Das Credo des

---

[16] Der gesamte Satz erschien vermutlich erstmals in der Sunday Times v. 31.10.1987 und lautete vollständig: „And, you know, there ist no such thing as society. There are individual men and individual women, and there are families. And no government can do anything except throuh people, and people must look to themselves first." Das Credo des Neoliberalismus: Das Ich zuerst.

Neoliberalismus: Wir Menschen sind auf dem Niveau von Einsiedlerschnecken.

Der rational-choice-Ansatz beschreibt den Menschen letztlich als rein ökonomisches Wesen. Diese Denkschule ist der Kern des Neoliberalismus: Die ökonomische Orientierung. Andere Wissenschaften außerhalb der Politik haben sich diesem neuen Paradigma nicht angeschlossen - vielleicht nur „noch nicht", vielleicht aber auch grundsätzlich nicht.

2.2. Auswirkungen und Kritik

Es ist leicht zu erkennen, welche Auswirkungen ein völlig durchökonomisiertes Lebens auf unser Sozialgefüge hat.

Zum einen ist es uns aus einem seit Generationen überlieferten Wissen und Gefühl überaus fremd, im anderen immer nur einen wirtschaftlichen Konkurrenten und damit Gegner zu sehen. Wie paradox diese Sicht ist, enthüllt ja auch die gleichzeitige Forderung nach „Teamfähigkeit" oder „Committment" zur eigenen Firma. Schwierig zu bewerkstelligen: Wenn ich in allen und jeden einen Konkurrenten im Wettbewerb zu sehen habe, was sollte mich reizen, gemeinsam mit ihnen das Beste für meinen Arbeitgeber, der ja auch gleichzeitig mein Konkurrent ist, zu leisten? Und wie lässt sich ein Gefühl wie „Commitment" rationalisieren? Im besten Falle geht es auch um mein Wohl, aber wenn ich durch meine Leistung meinen im Wettbewerb mit mir stehenden Konkurrenten unterstütze, kann mich das meinen eigenen Arbeitsplatz kosten.

Diese parallelen Forderungen sind also sehr verwirrend.

Zum anderen: Wenn mittlerweile eine Generation mit diesem Gedankengebäude aufwächst, das Ich als das Lebenszentrum erklärt und Rücksichtslosigkeit (also auf neoliberal: Wettbewerbsfähigkeit) als positive Tugend eingeimpft bekommen hat, wie sollte man sich gegen diese Grundhaltung wehren? Schon im kleinen, privaten Bereich fallen immer wieder Hinweise auf, wie statthaft unsoziale Haltungen inzwischen geworden sind.

Denn diese Art, das Leben zu betrachten, hat sich schon arg durchgesetzt.

Unterm Strich zähl ich: Karstadt, Bremen, wenige Wochen vor Weihnachten. Ein junges Paar lässt sich seit einiger Zeit ein Brettspiel für seine dreijährige Tochter zeigen und erklären. Die Verkäuferin geht, um noch ein weiteres zum Vergleich zu holen, da meint die resolute Part-

nerin mit ihrem fotografierenden Finger am Händi: „Ich mach schnell ein Bild, dann können wir das bei Amazon bestellen und müssen uns nicht damit abschleppen."
Dieses junge Paar hat sich die ökonomische Denkweise bereits verinnerlicht. Es hat aus Gründen der „rationalen Entscheidung" eine Verkäuferin um den Lohn ihrer Arbeit gebracht, es benutzt die Ressource Beratung kostenlos, es missachtet die Gebote von Fairness und Rücksicht und lässt lieber durch den Transport nach Hause die Umwelt mit unnötigem Ausstoß von Kohlendioxid belasten als sich mit dem Spiel für eine Dreijährige „abzuschleppen". Wohlgemerkt: Es ging um ein „abzuschleppendes" Kinderbrettspiel für eine Dreijährige, nicht um die Winterlieferung von Kaminholz oder eine Latexmatratze in Übergröße. Das Paar wird seine Haltung für völlig normal gehalten haben. Eine Händi-Software bietet mittlerweile die Möglichkeit an, nach voreingestellten Angaben aus einem fotografierten Gegenstand (z.B. einem Kleid in einem Warenhaus, bequem in der Umkleidekabine aufgenommen) gleich eine Bestellung in der richtigen Größe bei einem us-amerikanisch dominierten Versandhaus zu generieren. Und alles ohne schlechtes Gewissen der Kundinnen und Kunden. Denn hier wird

ganz bewusst die Beratung durch andere für eigene Gewinne genutzt.

Zum neoliberalen Denken gehört unumkehrbar ein ausbeuterisches Verhalten der Marktteilnehmerinnen und -teilnehmer. **Schleichend haben sich Ausgebeutete ihrerseits zu Ausbeutern gemausert.** Die Frage ist damit berechtigt: Gilt unter diesen Prämissen das alte Gegensatzpaar Kapital / Arbeit noch oder müssen wir nach Birger Priddat zunehmend von einem neuen Gegensatzpaar Kapital / Humankapital mit unterschiedlichen Bereichen ausgehen? ([101], S. 199).

Für die ökonomisch-neoliberale Haltung gibt es eine Handhabung: Ziele und der Weg dorthin müssen berechenbar sein. Um zu einer rationalen Entscheidung zu gelangen, muss ich eine Menge an Informationen verarbeiten. Diese Informationen sind ihrem Gehalt nach unendlich, denn jede Information baut wieder auf anderen auf. Logisch betrachtet könnte ich also gar nicht zu einer wirklich gefestigten Entscheidung kommen, wenn ich alle Informationen verarbeiten möchte. Das geht allerdings in einer vollendeten rationalen Gesellschaft allen so. Und ich kann in einer so strukturierten Gesellschaft davon ausgehen, dass alle möglichst

viele Informationen verarbeiten wollen, bevor
sie zu einer Entscheidung kommen. Diese Vielzahl von Informationen kumuliert dann in einer
einzigen Zahl: dem Preis. Wenn viele davon
überzeugt sind, dass eine Ware oder eine Aktie
gut und zukunftsträchtig seien, steigt der Preis.
Und er sinkt im Gegenteil, wenn viele der Meinung sind, dieses Produkt oder diese Firma seien nicht gut. Ich brauche also für Entscheidungen nur eine einzige Zahl: den Preis. Auch für
zwischenmenschliche Beziehungen gebe es
einen Preis. Wir dürfen nicht vergessen, dass es
Gary Becker war, der den Begriff „Humankapital" überhaupt erst erfunden hat [5]: Nach dieser
Denkrichtung hat auch der Mensch seinen Preis.
Als mit Marx Schriften einigermaßen Vertrauter
sehe ich Gemeinsames von Marxismus und Neoliberalismus, wenn auch aus völlig unterschiedlichen Richtungen stammend. Karl Marx
beschreibt ja den Menschen als durch seine Arbeit definiert (auch wenn er ihm keinen Preis
beimisst).
Und zur Kritik an Karl Marx sei noch einmal an
eine seit Karl Korsch bis zur Kritischen Philosophie der Frankfurter Schule erhobene Überlegung erinnert. Es gibt eine scharfe Zäsur im
Denken Marx und Engels, die in den Frühschriften, den politisch-historischen Arbeiten,

noch normative und moralische Forderungen erheben, die sie in den ökonomischen Schriften nicht mehr berücksichtigen. Bekannt ist das oft zitierte 8. Kapitel des 1. Bandes des Kapitals, „Der Arbeitstag" [78], das in den ersten 40 Seiten durchaus an die heftige Empörung Friedrich Engels in „Die Lage der arbeitenden Klasse in England" [35] erinnert. Dann allerdings sieht Marx ab dem 6. Abschnitt gar keine persönlichen Möglichkeiten eines Eingriffs mehr, alle stünden unter einem auch sie beherrschenden Gesetz, das sie nicht verändern könnten. Worauf (S. 302) er zwar in seinem bekannten süffisanten Ton „unterschiedliche Fraktionen der herrschenden Klassen, Grundeigentümer und Kapitalisten, Börsenwölfe und Krämer, Protektionisten und Freihändler, Regierung und Opposition, Pfaffen und Freigeister, junge Huren und alte Nonnen" zugibt, aber das sei nur vorübergehend, eigentlich hätten sie doch die gleichen Interessen. Es scheint, Marx erkennt nur der Bourgeoisie in der vorkapitalistischen Zeit eine normative Kraft zu, die er später jedenfalls nicht mehr erwähnt. Dass Karl Marx auch an rechtsstaatlich gesicherten, normativ begründeten Freiheitsrechten aus Gründen der Verzögerung der Ablösung des Kapitalismus wenig Interesse hat, zeigt eine seiner ersten Arbeiten „Zur Judenfrage" [77].

Wenn mir aus allen Tätigkeiten nein Nutzegewinn ersprießen soll, dann dürfen wir uns über niedrigen Wahlbeteiligungen nicht wundern. Die Theorie der **rationalen Ignoranz** geht davon aus, dass sich der erwartete Wissensgewinn durch (politische) Information zu dem Nutzen dieses Wissens nicht negativ verhalten soll. Das heißt: Wenn ich mich zu Themen wie Programmen und Kandidaten der Parteien umfassend informiere, so muss der Gewinn daraus für mich erkennbar sein - sonst tue ich es nicht. Also ist eine Haltung der (politischen) Ignoranz völlig rational.
Diese Haltung ist ein direkter Ausfluss aus den ökonomisierten Gundsätzen des sozialen Lebens.

Die ökonomischen Neoliberalen sind politisch mit den Liberalen verbandelt. Ihnen gehe es, so wird postuliert, um „die Freiheit", um den „einzelnen". Jedoch erkenne ich in ihrer Theorie eine Lücke dort, wo es um Individuelles geht. **Kennen Neoliberale eigentlich das Individuum?** Im Grunde genommen ist ihre Zwangshaltung sehr totalitär: Sie definieren den gleichen, immer rational denkenden und entsprechend handelnden Menschen, der permanent um seine Nutzenmaximierung kämpft. Auch im Faschismus gibt es den unaufhörlich kämpfenden Menschen. Die nach Colin Crouch „verblüffende Verwandlung von Menschen in Rechenmaschinen" ([27], S. 49) lässt sich nur mit einer totalitär ausgerichteten Ideologie begründen, die für alles Individuelle und Private nur eine einzige, alles total umfassende Antwort parat hält: Die Nutzenmaximierung.

Aus der ursprünglichen liberalen Idee von Freiheit als Selbstverfügung über Leben und Eigentum wurde eine Zwangshaltung, aus dem Grundsatz der **Freiheit von Zwängen** wurde ein Korsett zum **Zwang zu marktkonformer Haltung**. Inhaltlich ist diese Haltung mit der Erwartung zu immerwährendem Wachstum und zunehmendem Wohlstand verknüpft.

Jedes wirtschaftliche, soziale oder kulturelle Tun findet in den Augen der Neoliberalen seine Begründung im Trachten nach der Nutzenmaximierung „des" Menschen. Jedes soziale Tun widerspricht in den Augen der Neoliberalen den wirklichen Aufgaben des Menschen: Der Nutzenmaximierung.

Was spricht eigentlich gegen die Ökonomisierung der Welt? Die Welt selbst, die Realität ist der beste Gegenbeweis gegen diese rein akademische Sichtweise. Dieses Denken wird dann geradezu grotesk, wenn sogar hierfür die Errungenschaften des Menschseins vernachlässigt werden dürfen: Soziale Bindungen und soziale Verlässlichkeit. Nach diesem Denken ist es völlig akzeptabel, wenn jemand einem Freund eine Hilfe anbietet (z.B. beim Umzug), diese Zusage dann aber entweder kurzfristig wieder zurückzieht oder sich gleich gar nicht mehr meldet. Denn anfangs mag es mir selbst einen Nutzenzuwachs beschert haben können, zu helfen: Kai gilt als mein Freund und hat mir ja auch mal geholfen, ich wollte schon immer seine neue Wohnung sehen oder auch Sandra wollte helfen, die finde ich ganz nett. Dann haben sich aber die Vorzeichen geändert, es ist nun nicht mehr in meinem Interesse zu helfen, das Wetter ist zu gut, um körperlich zu arbeiten oder da hat sich am Abend vorher etwas Neues angebahnt und ich gehe mit ihr lieber zum Frühstück in die Bürgerstuben an der Weser. Das sei völlig legitim, so denken die Vertreter des rational-choice-Ansatzes: Mein Nutzen ist jetzt geringer, wenn ich helfe als wenn ich nicht helfe. Demzufolge bin ich nicht verpflichtet zu helfen, denn gerade diese Hilfe würde ja meinem eigenen Interesse widersprechen. Da solches im Leben oft passiere (auch mir können ja irgendwann die zugesagten Umzugshelfer unabgemeldet wegbleiben), gleiche sich das auch insgesamt gesehen im Laufe des Lebens immer aus. Und wenn nicht, ist es auch nicht schlimm. Dann ist das halt so.

Mit dieser Haltung zerstören wir zum einen die für eine funktionierende Gesellschaft unabdingbar notwendige Verlässlichkeit. Und in der Folge davon auch das Vertrauen. Während **Verlässlichkeit** auf eine funktionale Beziehung abstellt, ist **Vertrauen** auf einer rein personalen Verbindung fundiert. Und wenn jemand nicht verlässlich ist, wird sich auch Vertrauen kaum einstellen können. Möglicherweise liegt da auch eine Verbindung zur Schwemme rechtspopulistischen Gedankenguts: Wenn nichts mehr verlässlich erscheint, wenn eigene Werte wie soziale Bindungen nichts mehr gelten, wenn ich dazu noch Angst habe vor Entfremdung, mich im eigenen Land nicht mehr auszukennen fühle, wenn es mir so scheint, als wenn alles auseinander bricht, dann kann ich mich schon nach rüder Verlässlichkeit sehnen. Dieser Weg mag bei vielen zu einfachen Antworten geführt haben. Die Saat der Neoliberalen, Zerstörung von

Verlässlichkeit und Vertrauen, ist im Rechtspopulismus mit der Suche nach einer diffusen, bestimmenden Masse aufgegangen.

Wir sehen: Mit dieser Form zu denken und zu handeln zerstören wir die Grundlagen eines menschlichen Zusammenlebens. Verlässlichkeit und Sicherheit in der zwischenmenschlichen Beziehung sind die Hauptmerkmale eines stabilen Sozialgefüges. Und eigentlich wird mit dem neoliberalen Nutzenmaximierungscredo auch jedes zwischenmenschliche Vertrauen zerstört.

> **Dem Liberalismus kann es deswegen nicht gelingen, eine Gesellschaft stabil zu gestalten!**

Albert Hirschman hat diese Überlegungen in einem schmalen, aber sehr inhaltsschweren Buch durchdacht [57] und zusammengefasst.

Hirschman selbst sieht in dem Modus der Abwanderung einen typisch neoliberalen Zug (ohne diese Worte je zu gebrauchen, zur Zeit der Abfassung seines Buches, 1970, gab es den Neoliberalismus ja auch noch nicht als Begriff und beschreibbares Gedankengebäude). „Die Menschen, die sich von ihren sozialen Gemeinschaften ablösten, dachten nicht daran, diese dadurch zu verbessern ... Der Erfolg - oder, was das gleiche ist, die soziale Mobilität nach oben - wird seit langem unter dem Blickwinkel eines evolutionären Individualismus gesehen" (S. 92). Die Möglichkeit zur Abwanderung aus einer sozialen Bindung ist Bestandteil einer durch Individualismus geprägten Gesellschaft: *Nach mir die Sintflut* ist das Grundgesetz des egozentrischen Neoliberalen. Dies betrifft nicht nur die Arbeitswelt, in der humane Bindungen ein Desiderat sondergleichen geworden sind, dies betrifft in einem auch nicht für möglich gehaltenen Umfang Vereine und Verbände. Wozu Sportverein, was bringt mir das, wenn ich alleine auch Sport in einem Studio machen kann? Dann kann ich mir meine Zeit ohnehin besser einteilen. Wozu soll ich noch in dieser Partei mitarbeiten, was habe ich davon, wenn ich den mir nach meiner Meinung zustehenden Listenplatz nicht bekomme? Warum sollte ich mich in meiner Nachbarschaft engagieren, was bringt es mir, wenn ich mal eine Grünfläche pflege? Ins Extreme gezogen wird aus dieser Tendenz Rücksichtslosigkeit und Gleichgültigkeit anderen gegenüber. Wozu soll ich einen der Mülleimer benutzen, wenn ich es leichter haben kann, meinen to-go-Kaffeebecher auf den Boden fallen zu lassen? Warum sollte ich bei der Abfahrt zur Arbeit morgens um halb sechs etwas leiser sein? Was habe ich denn davon? Warum sollte ich mich einschränken?

Den Individualismus und damit Egoismus zum Kultgötzen zu erhöhen, die Ellenbogengesellschaft zu fordern und sich dann wundern, wenn daraus Rücksichtslosigkeit wird - wie passt das zusammen? **Wer die Forderung Egoismus erhebt, darf sich nicht über das Ergebnis Rücksichtslosigkeit wundern.**

Die Möglichkeit des Abwanderns aus sozialen Bindungen ist Kernpunkt des Neoliberalismus. Es ist sozusagen seine Basis: Der Einzelgänger hat keine Bindungen. Der Steppenwolf ist Einzelkämpfer.

Und ohne dass wir es richtig bemerken, umfasst das Gedankengebäude alle Bereiche. Die von den Jusos in Bassum gegründete Seite „Unsere schöne Stadt Bassum" hat mittlerweile auf facebook über 2.000 Mitglieder. Einmal ging es um mögliche Nachnutzungen für einen mitten in der Stadt gelegenen Gebäudekomplex. Was könnte man damit machen? Viele Pluspunkte erreichte eine Idee: Einen „Indoor-Spielplatz" für Kinder und gleich daneben ein Fitnesscenter. „Damit die Kleinen aufgehoben sind, wenn die Eltern etwas für ihre Gesundheit tun." Sehr viele „Dislikes" erhielt dann diese Antwort: „Schon mal gehört: Gemeinsam? Vielleicht mal zusammen radeln oder spazieren gehen? Oder abends mal ein Spiel zusammen? Kennt niemand, nicht?" Die ausgeführten „Dislikes" möchte ich dann lieber nicht zitieren.

Für eine Gesellschaft, deren Arbeitsteiligkeit aber Grundlage ihres Reichtums ist, hat dies alles fatale Folgen. Eine Gesellschaft entwickelt ja nicht nur durch Zahlen auszudrückende Güter. Nachbarschaftshilfe, Gemeinschaft, soziale Verantwortung sind ebenso Güter, die aber durch den Individualismus zerstört werden. Das macht die Gesellschaft ärmer. Zudem widerspricht es dem **Parteiengründungsgebot** der Bibel gemäß Ex. 18, 17f[17].

Auch wenn das vorherige Beispiel weit hergeholt erscheint, möchte ich es anführen. Die Inklusion, eine Forderung der UN-Menschenrechtskonvention, ist auf jeden Fall der richtige Weg, um Menschen mit Handicaps voll eigenständig am gesellschaftlichen Leben teilnehmen zu lassen. Die Allgemeinheit leistet durch Maßnahmen und Zurverfügungstellung von Mitteln ihren Beitrag für einen Ausgleich durch die Behinderung.

---

[17] *Es ist nicht gut, wie du das tust. Du machst dich zu müde, dazu auch das Volk, das mit dir ist. Das Geschäft ist dir zu schwer, du kannst es alleine nicht ausrichten.*

Das ist gut so, niemand, den ich kenne, mich eingeschlossen, möchte auch nur irgendetwas daran ändern.

Etwas stutzig geworden bin ich jedoch beim Lesen eines Berichts über einen Kindergottesdienst in Berlin[18]. Da wurden die Kinder gefragt, was sie in einer solchen Situation tun würden: Ihr sitzt alle auf euren Plätzen in einem voll besetzten Bus, da stiege noch eine ältere Frau ein, offensichtlich mit Gehschwierigkeiten, die keinen Sitzplatz mehr bekomme. Was tut *ihr*? Der Bus schlingerte um die Ecke, die Frau fiele fast um. – Na, sie solle sich an diesen Griffen da oben festhalten, meinte eines der Kinder. – Ja, aber dafür sei die Frau zu alt und gebeugt, da komme sie nicht mehr ran. Was tut *ihr*? Die Kinder rätseln: Wie kann man der armen Frau helfen? Ein Kind glaubte dann eine Lösung gefunden zu haben: Da gebe es doch Plätze für Behinderte, da sollte sie dann hin. – Ja, aber diese Plätze seien auch alle schon besetzt. Was tut *ihr*? – Dann kam einem Kind die geniale Idee: Wenn denn alle Plätze für die Be-

---

[18] Ich habe die Quelle nicht mehr recherchieren können, ich glaube aber, es handelte sich um einen Kindergottesdienst in Berlin, den der damalige EKD-Ratspräsident Bischof Wolfgang Huber abgehalten hatte.

hinderten voll seien, dann müssten eben die Behinderten sich mit dem Sitzen abwechseln.

Man kann diesen gewiss auch bemühten Kindern nicht wirklich böse sein oder ihnen gar Dummheit und Bösartigkeit unterstellen, sie sind ja in einer Gesellschaft aufgewachsen, in denen nur das Ich zählt und eine Verantwortung für den anderen verschwunden ist. Und gerade deshalb ist Inklusion ja so wichtig: Wenn es in den früheren, sozialen Zeiten ohne Frage selbstverständlich war, dass man einem einzelnen Elternteil mit dem Kinderwagen in den Zug half, habe ich im Neoliberalismus schon beobachten können, dass sich Fahrgäste an einem Kinderwagen, den eine Frau gerade mühsam in den Zug bugsierte, schnell vorbei drängelten. Damit ist die Inklusion in vielen Bereichen zu einem Projekt des Neoliberalismus verkommen: Ich habe keinerlei Verpflichtung mehr, dich irgendwie in deinem Rolli zu unterstützen, denn ich habe durch meine Steuern und Gebühren dafür gezahlt, dass da ein Knopf für dich erreichbar am Fahrstuhl hängt, den kannst sogar du selber drücken. Damit bin ich draußen, mein Soll ist erfüllt. Geh jetzt deinen Weg alleine.

Auf diese Weise können wir uns durch die Inklusion frei kaufen von jeder sozialen Mitverantwortung.

Die Zerstörung des sozialen Miteinander ist die Folge eines wirtschaftlichen Denkens, das den Menschen als Werkzeug sieht und nicht als Ziel des Menschseins.

Unsere Gegenposition zu diesen Überlegungen ist viel profaner.

> Ein kleiner Trupp zieht auf der Suche nach Sicherheit durch das Land. In dieser Gruppe gibt es natürlich auch Streit und Missstimmungen. Einer der Streithähne, Diego, fällt einen Berg hinab. Mit letzter Kraft rettet ihn sein Kontrahent, der dabei selbst abstürzt, aber durch ein wirkliches Wunder gerettet wird. „Warum hast du das gemacht?" fragt Diego danach keuchend auf der Wiese. Die Antwort: „Das macht man so in einer Herde. Man hilft sich gegenseitig."

Das sagte Manfred, das Mammut. Die Szene ist aus dem ersten Teil des Films „Ice Age" und beschreibt sehr gut menschliches Beisammensein: Spontan (Man hilft sich gegenseitig) und intuitiv (Das macht man so) arbeitet man in einer Gemeinschaft zusammen. In Beckers Formelsprache wird sich spontanes und intuitives Verhalten kaum finden lassen, denn der *homo oeconomicus* berechnet sein Verhalten und kalkuliert sein Gewinnmaximum aus den

Variablen. Kein Anhänger der *rational choice*, kein zum *homo oeconomicus* Gewandelter und auch kein triebhaft Neoliberaler würde nach meiner Einschätzung Freunde oder Familie locker versetzen, wenn dieses seinem Eigeninteresse diente. Wozu dann aber das ganze theoretische Geschwurbel dazu?

Nicht weit entfernt von diesen Menschen nur ökonomisch betrachtenden Sichtweisen ist eine materialistische Auffassung der Persönlichkeit. Lucien Sève, französischer Marxist, hat eine marxistische Theorie der Persönlichkeit vorgelegt. Auch er sieht alleine im materiellen Bedürfnis der Menschen ([117], S. 35 ff) die Basis für jede Persönlichkeitsentwicklung. Insofern liegt diese Auffassung nicht weit entfernt von Gary Beckers Ansicht, nur dass im schweren Buch von Sève die vielen Formeln fehlen. Sèves Buch hat gerade in Kreisen der DKP (der Verlag Marxistische Blätter war neben dem Pahl-Rugenstein-Verlag der Hausverlag der DKP) für Aufsehen gesorgt, einige unorthodoxe Linke um Hans Laufenberg entwickelten eine dezidierte Gegenposition [70]. Sie schließen mit dem Vermerk, dass es zur Untersuchung von Bewusstseinsstrukturen von Menschen im Kapitalismus keiner Theorie der Persönlichkeit bedürfe.

**In der Mitte zwischen Ökonomie und sozialer Gesellschaft:
Der Ordoliberalismus**

Walter Eucken war ein Ökonom und gründete die Freiburger Schule des Ordoliberalismus. Mit Ordo ist sowohl Ordnung als auch Orden gemeint, beide Gedanken sind in der Entstehungsgeschichte der Freiburger Schule erkennbar.

- Ordnung bedeutet die Ziel führende Abfolge bestimmter Handlungen oder die Systematik der Überlegungen hierzu;
- Ordo ist der mittelalterlichen Scholastik entlehnt und beinhaltet ein System oder eine Schule ähnlicher Gedanken.

Letztlich ist der Ursprung nebensächlich, weil der Name sich mittlerweile verselbstständigt hat. Und ORDO heißt auch die 1948 gegründete und bis heute als Jahrbuch erscheinende Zeitschrift, die diese Gedanken fortträgt.
Walter Eucken (1891 – 1950) war Lehrstuhlinhaber für Ökonomie in Freiburg. Seine Meinung war, dass Macht, Unfreiheit und Armut

einen Zusammenhang bilden. Er beschreibt eine Problemstellung als „große Antinomie": 1. „Das Problem als individuell-historisches Problem" (wirtschaftspolitische Fragen dürfen nicht „losgelöst von der geschichtlichen Umgebung, sondern als Teilhergang gesamtgeschichtlichen Seins und Werdens" verstanden werden) und 2. „Das Problem als allgemein-theoretisches Problem". Und Eucken kommt zu einem für moderne rational-choice-Aktivisten erstaunlichen Ergebnis: „Mit Recht sieht der Nationalökonom das wirtschaftliche Alltagsgeschehen als Teil der jeweiligen historisch-individuellen Lage an; das muss er, wenn er nicht wirklichkeitsfremd werden will. Mit Recht sieht er in ihm aber auch ein allgemein-theoretisches Problem; das muss er ebenfalls, wenn ihm nicht die Wirklichkeit in ihren Zusammenhängen entgleiten soll" ([39], hier zitiert nach der Ausgabe von 1944, S. 18 ff).

Diese Aussagen eines Wirtschaftsliberalen, die einen Zusammenhang zwischen individuellen Zielen und staatlicher Ordnungspolitik beschreiben, müssen den Neoliberalen heutigen Zuschnitts ziemlich in den Ohren klingeln. Gerade dieser Hinweis auf eine „gemischte" Wirtschaft war Euckens Angebot an Sozialisten und Liberale. Eucken formuliert eine „Interdependenz" der Ordnungen: Marktwirtschaft bedingt einen freien Rechtsstaat und eine freie Gesellschaft, Zentralverwaltungswirtschaft wie im Faschismus oder Planwirtschaft wie in der Sowjetunion bedingen Totalitarismus (vergl. den „Dritten Teil" in [39], S. 84 ff). Das Gegenteil von Zentralveraltungswirtschaft war für ihn keineswegs die freie Marktwirtschaft, sondern eine um soziale Komponente erweiterte. Die Marktwirtschaft nach dem Laissez-faire-Prinzip führe zu Konzentration, Preisabsprachen und in letzter Konsequenz damit zu Armut – nicht nur von Individuen, sondern auch des gesamten Staates. Damit war Walter Eucken der wichtigste Begründer der sozialen Marktwirtschaft. Er schreibt weiter: „Machtgruppen gewinnen dadurch wesentlich an Gewicht und Einfluss, dass sich ihnen Intellektuelle zur Verfügung stellen und Ideologien ausarbeiten" ([39], S. 15).

Soziales Engagement: Rechnet sich das?

Betrachten wir dazu gerade die aktuelle Hilfssituation in Deutschland. Zigtausende opfern ihre Freizeit, einen Teil ihres Einkommens, bieten Wohnraum an, um in Not geratenen Menschen zu helfen. Dieser Altruismus lässt sich trotz

Gary Beckers Formeln und Anthony Downs Theorie des Nutzeneinkommens ökonomisch nicht begründen. Er basiert nicht auf ökonomischen Gegebenheiten, er ist ein Ausdruck von Liebe zum Menschen.

Ökonomische Transaktionen gehen einher mit einem Waren- oder Dienstleistungstausch und sind damit beendet. Ich gehe vielleicht durch verschiedene Geschäfte oder Marktstände, um bestimmte Waren zu erstehen. Da nehme ich den Jogurt aus dem Kühlregal des Supermarkts, den Käse vielleicht (wenn ich die Zeit dazu habe) beim Käsestand auf dem Wochenmarkt, das Brot hole ich (im Moment geht es ja noch!) beim Bäcker. Ich nehme die Ware, bezahle und der Tausch ist beendet. Beim Weg nach Hause schaue ich noch in meiner Buchhandlung vorbei und sehe dort einen Roman, den die Frau meines Herzens schon lange unbedingt lesen wollte. Alleine dadurch, dass ich weiß, worüber sich jemand freut und ich mich danach richte, widerlege ich den rational-choice-Ansatz des Neoliberalismus! Ich kaufe das Buch, bitte noch darum, es in Geschenkpapier einschlagen zu lassen, der Buchhändler klebt sogar freundlicherweise - es ist Anfang Dezember - ein Tannenästchen unter das Geschenkband. Nach dem Bezahlen ist dieser Tausch auch beendet.

Aber warum verschenke ich etwas? Und mit solchem Aufwand? Wir wissen aus der Evolution, dass Geschenke eine soziale Bindung erzeugen können und sollen. Spinnenmännchen verschenken eingesponnene Beutetiere, Antarktis-Pinguine verschenken Steine (sehr wertvoll: Darauf kann das Ei gelegt werden und friert im Tauwetter dann nicht gleich im Eiswasser wieder ein. Und wo gibt es in der Antarktis Steine? Also sind sie extrem wertvoll.). Mit dem hübsch verpackten Geschenk bekomme ich als „Gegenleistung" ein Lächeln, eine Umarmung und, noch viel wichtiger: sichtbare Freude bei der Beschenkten (und werde nach dem geschlechtlichen Beieinander höchstwahrscheinlich nicht gefressen, zumindest nicht, wenn ich ein Listspinnen-Männchen [das auch den beschreibenden Namen *Brautgeschenkspinne* trägt] bin, allerdings ist dieses Geschenk dann eher eine Lebensversicherung). Und damit entsteht eine menschliche Bindung. In der sozialen Realität ist damit dieser Warentausch eben *nicht* beendet, er setzt sich als Bindung fort. Wie arm dagegen die ökonomisierte Idee des Schenkens[19]:

---

[19] Das eben Gesagte darf nicht mit der „Schenkökonomie" oder „Kultur des Schenkens" im Sinne von Marcel Mauss (1872-1950) verwechselt werden, der die Schenkökonomie als eine Weitergabe von Gütern oder

Sie geht davon aus, dass dem Beschenkten ein (ökonomischer) Nutzen entstehen soll (Die Frage wird allerdings nie geklärt: Warum eigentlich sollte ich einem ausschließlich rational denkenden Menschen überhaupt etwas schenken? Und er mir?). Schenkt ein Vater also seinem Sohn die Uhr, die schon sein Vater getragen hat und die als Schweizer Präzisionsinstrument vielleicht jetzt 1000 Euro kostet, so entsteht dem Beschenkten dem Anschein nach nur ein ökonomischer Nutzen von hoch geschätzt 10 Euro, denn der liest die Uhrzeit immer von seinem Smartphone ab (möglicherweise entsteht dem Sohn durch den notwendigen Kauf eines neuen Armbands sogar ein wirtschaftlicher Schaden). Dieser rücksichtslos unökonomisch handelnde Vater hätte also in unverantwortlicher Weise mit der unreflektierten und ideologisch überhöhten Weitergabe des Familienbesitzes einen Wert von 990 Euro *vernichtet*. Am besten sei es in zweifacher Hinsicht, Geld oder notfalls Gutscheine (aber nur wenn ich exakt weiß, in welchem Geschäft der zu Beschenke etwas kauft) zu verschenken. Zum einen werde kein Wert vernichtet, denn 100 Euro

---

auch Sachleistungen ohne direkt erkennbare Gegenleistung verstand.

haben immer einen Wert von 100 Euro, zum anderen vernichte ich nicht Zeit mit Gedanken an die Art des Geschenks, dem Einkauf, dem Einpacken und Verschicken.

Zum Nachdenken ist dies wirklich ein bemerkenswert wunderschöner Satz aus der modrigen Grabeskälte des Neoliberalismus: *Ich vernichte Zeit mit Gedanken an Geschenke für andere...* Dass das alles nicht sehr weit hergeholt erscheint, sehen wir selbst an der sich immer stärker ausweitenden Tendenz zu den angebotenen Gutscheinen im schmucken Scheckkartendesign an den Kassen der Geschäfte. Und auch ein neulich im Zug belauschtes Gespräch belegt das, als ein offensichtlich überzeugter Adept des aktuellen Gedankenguts einer immerhin skeptisch schauenden Mitreisenden im üblich-leidenden Ton des permanent gestressten und allzeit genervten Aktualzeitgenossen mit Händi in der Hand erklärte, alle „seine Leute" bekämen jetzt zu Weihnachten Gutscheine „und fertig ist". Hier spürt man doch geradezu handgreiflich die Wärme und emotionale Bindung, ja die sorgende Liebe des Schenkenden zu „seinen Leuten"... Hier spürt man den zwischenmenschlich ablesbaren Erfolg des Neoliberalismus.

Die Ökonomisierung der sozialen Bindung unterliegt demnach einem ganz wichtigen Trugschluss: Soziale Kontakte sind per se auf Reziprozität und Fortdauer, also im weiteren Sinne auf anhaltende Gegenseitigkeit angelegt. Eine ökonomische Transaktion ist das nicht. Sie endet und die Handelspartner sind quitt. Das ist im sozialen Leben eben nicht der Fall. Und zum sozialen, empathischen Leben gehört auch die Politik.

Hier kann die ökonomische Orientierung ein Menschenbild nachhaltig schädigen.

Allerdings gab es schon in der Bibel Vorbehalte gegen zu viele Geschenke, Ex. 23, 8[20], also eher gegen Bestechung. Obwohl wenig später dieser Gedanke bereits relativiert wird, vielleicht ist mit Ex. 34, 20[21] eher eine Vorstellung im Bauamt zur Antragsgenehmigung gemeint?

Kommen wir noch einmal zurück zu Gary Beckers ökonomischer Theorie der Ehe[22]. Die

---

[20] *Du sollst dich nicht durch Geschenke bestechen lassen, denn Geschenke machen die Sehenden blind und verdrehen die Sache derer, die im Recht sind.*

[21] *Und dass niemand vor mir mit leeren Händen erscheine.*

[22] Er erhielt 1992 den Wirtschaftsnobelerinnerungspreis für seine Analyse, Konkurrenzsituationen auch außerhalb der Wirtschaft darzustellen.

schönen Formeln aus Abb. 2 bedeuten: Zwei Menschen „berechnen" die Gewinne, die ihnen aus einer Partnerschaft entstehen. Diese Gewinne können alles bedeuten (Einkommensanteil, Haus, Sex, flottes Auto, Urlaubsansprüche, Ansehen) und sind für die Theorie nicht relevant. Sie werden aus den „Qualitäten", die beide Partner in eine Beziehung bringen, errechnet und miteinander multipliziert. Die höchsten „Produktivitätsgewinne" ergeben sich also, wenn sich Menschen mit den höchsten Qualitäten auf dem „Partnermarkt" nach ebensolchen umsehen und sie für sich gewinnen.

Diese ökonomische Variante von Partnerschaften und Beziehungen liest sich irgendwie spaßig. Sie hat mit der Realität kaum etwas zu tun – in der Tat, vielleicht bei durch Eltern angebahnten Ehen. Ist das aber unser wirkliches mitteleuropäisches Ideal?

Dennoch hat sich dieses Bild in einigen Bereichen schon durchgesetzt. Haben wir eben den Partnermarkt noch in Anführungszeichen gesetzt, so ist er bei den Partnerbörsen im Internet bereits Realität. Die Menschen dort sind alle etwas schöner, klüger als in der Realität, haben Enttäuschungen erlebt, ja, aber dadurch sind sie gereift, das erhöht ihren Marktwert. Und man kann an den Etiketten, die sich die dort in den

Marktbuden aufgereihten Partnersuchenden aufgepappt haben, einen fast allgemeingültigen Enthusiasmus für Sport und gemütliche Kerzenlichtabende am knisternden Kamin mit einem, natürlich nur einem einzigen Glas und natürlich nur guten Rotwein vor sich erkennen.

Also doch eine Ökonomisierung der Partnerschaften? Einen Trost gibt es wohl dazu: Das war wohl schon immer so, berücksichtigen wir nur die Gockel in ihren Cabrios und die Checker in den Discos. Aber noch nie so offensichtlich und fantasielos.

Die Ökonomisierung menschlichen Verhaltens geht von drei Prämissen aus:

- Menschen lassen sich nur von Eigeninteressen leiten, eine Reiz- Reaktions-Kette führt zu vorhersagbaren Ergebnissen, insofern ist das Verhalten auch mechanistisch determiniert;
- Menschen sind grundsätzlich individuell ausgerichtet, sie entscheiden nach individuellen Vorgaben;
- Ökonomie ist lediglich eine beschreibende Wissenschaft (nach [106], S. 62).

Und diese Punkte stimmen samt und sonders nicht mit der Realität überein. Schlimmer noch: Sie verändern nur durch ihre Aussage.

Die letzte Prämisse, Ökonomie beschreibe nur, ist sicherlich besonders falsch. Wir kennen aus der Semantik *performative* Aussagen, die nur Worte sind, aber verändern. „Das ist wirklich eine tolle Arbeit" beschreibt ja nicht nur den Inhalt der Arbeit, sondern verleiht dem anderen eine Wertschätzung: Du und genau du nämlich hast eine wirklich tolle Arbeit abgeliefert. Noch deutlicher sind: „Ich liebe dich" und vielleicht daraufhin etwas später „Ich erkläre euch zu Mann und Frau". Nur durch Worte hat sich da eine Menge geändert. Und aus der Politik kennen wir dieses Verhalten ja auch: Kein geübter Redner, der nicht in einer Ansprache mindestens ein, zwei aus der Zuhörerschaft, die er vielleicht gerade erblickt hat, direkt anspricht (oft genügt der flugs eingeworfene Name) und ihr Tun lobt: „Wo ich ihn da vorne gerade sehe: Gerald aus Rottendorf hatte ja früher schon eine ähnlich Idee im Ortsrat und sie dann mit Tinas Hilfe durchgesetzt." Und das vor einem riesigen Publikum! Diese Menschen werden dann aus der Gruppe der anderen hervorgehoben: „Der Vorsitzende (oder die Ministerin) kennt mich!" Kostet den Redner oder die Vortragende nichts, gar nichts, ist nur eine nette Aussage. Diese Aussagen verändern, obwohl sie kein „mechanisches Korrelat" haben. Und die Beschreibung der Ökonomie verändert eben durch ihre Beschreibung.

Das ökonomische Denken hat auch in der Sozialdemokratie zu Veränderungen geführt, die dem „Markenkern" der Sozialdemokratie geschadet und damit die Zustimmung zur SPD empfindlich gestört haben. Mit der Agenda 2010 wurde eine angebotsorientierte Wirtschafts- und Arbeitsmarkpolitik mit entsprechenden Veränderungen der Steuergesetze initiiert. Die ersichtliche Gleichgültigkeit von Finanzinvestoren und Managern gegenüber indviduellen Schicksalen von Menschen, die sie leichthin in die Arbeitslosigkeit schickten, führte aber relativ schnell zu Absetzbewegungen, auch wenn wirtschaftliche Daten einen Erfolg der Agenda 2010 vermuten ließen. Die Sozialdemokratie hat mit den Reformgesetzen letztlich das getan, was sie verständlicher- und vernünftigerweise als einen Teil ihrer Tradition immer getan hat: Innerhalb eines Systems das Funktionieren so lange zu gewährleisten, bis sich Neues durchsetzen kann. Insofern sind Vorwürfe wohlfeil, sie sind aber völlig ungeschichtlich: Zu einem bestimmten Zeitpunkt etwas zu entscheiden, was unter späteren Gesichtspunkten zu kritisieren ist, klingt wie das

Lamentieren über einen verschossenen Elfmeter in der Nachspielzeit.

Die Kritik an einem ökonomisierten Menschenbild lässt sich summarisch festhalten:
- Soziales, altruistisches Verhalten wird im ökonomischen Ansatz nicht bewertet;
- Menschen sind keine Einzelwesen, sondern in größeren oder kleineren sozialen Verbänden verortet;
- Beschreibungen können alleine durch ihre Beschreibungen verändern.

Der Hauptkritikpunkt an einem der Ökonomie unterliegendem Menschenbild ist aber der: Die dort beschriebenen Menschen gibt es nicht.

Die andere Sicht

Die andere Position, die den Menschen nicht als unverbundene Einzelwesen sieht, hat viele Vorläufer. Letztlich ist im Christentum schon eine Form der Solidarität beschrieben, die als Nächstenliebe bekannter ist. Auf die Frage, welches das wichtigste Gebot sei, antwortet Jesus bei den drei Synoptikern, den Evangelien nach Matthäus, Markus und Lukas, es sei die wichtigste Forderung Gott zu lieben, aber diesem

82

Gebot gleich komme die Forderung, seinen Nächsten wie sich selbst zu lieben[23]. Nur leider hat später der *pater ecclesiae* (einer der vier Kirchenväter der katholischen Kirche, sozusagen die Topplatzierung der katholischen Kirchenhierarchie) Augustinus die Nächstenliebe für seine Kirche wieder abgeschafft: Sie gehe in der Gottesliebe auf. Da hatte sich Jesus wohl geirrt, wie Augustinus erkannt hatte, schade, aber das kann ja nun wirklich jedem mal passieren.

Eine dezidierte Darstellung eines sozialdemokratischen Menschenbildes kann es nicht geben, denn ausdrücklich (zuerst im Godesberger Programm von 1959) wird die Herkunft des sozialdemokratischen Wollens als nicht erheblich eingestuft: Ob man vom Humanismus, vom Geist der Bergpredigt, aus marxistischer Überzeugung oder wie auch immer zur Sozialdemokratie gelange, sei unerheblich. Oder anders formuliert: Nicht das Woher ist wichtig, sondern das Wohin (was allerdings im Buch der Richter, Rt. 19, 17[24], anders gesehen wurde).

---

[23] Siehe: Mt 22, 37-40, Mk 12, 28-31, Lk 10, 25-27. Im Anschluss an diese Passage folgt im Lukas-Evangelium zur Illustration sofort das Gleichnis vom barmherzigen Samariter.

[24] *Wo willst du hin? Und wo kommst du her?*

Dieses Ziel ist es, was schließlich zu definieren ist.

Eine ausführliche Diskussion zum Thema „Sozialdemokratie und Menschenbild" findet sich im gleichnamigen Buch der Hochschulinitative Demokratischer Sozialismus [108].

Einer der ersten, die sich mit dem linken Menschenbild beschäftigt haben, ist der Belgier Hendrik de Man. De Man war vieles, Mathematiker, Sozialpsychologe, Professor für Psychologie in Washington, Finanzminister in Belgien. Er war Vorsitzender der belgischen Sozialisten, lehnte aber nach der Kapitulation Belgiens infolge des Einmarsches der Hitlertruppen eine Flucht ab. Letztlich deswegen wurde er nach dem Krieg wegen Hochverrats verurteilt - was uns heute doch überrascht.

De Man hat in seinem umfangreichen Buch „Zur Psychologie des Sozialismus" [75] eine Position entwickelt, die den Menschen sowohl als soziales Wesen als auch in bestimmten Dingen als selbstbezogen beschreibt. Scharf geht er mit der marxistischen Sichtweise ins Gericht: „Das Marxsche Naturgesetz der gesellschaftlichen Entwicklung ist nur ein anderes einem atheistischen Zeitalter angepasstes Symbol jenes über Menschen waltenden Gesetzes, das frühere Geschlechter Gott nannten. Es ist ein strenger, gewalttätiger, grausamer Gott, der eine auffällige innere Verwandtschaft mit dem Jehovah und dem Gott der Calvinisten, jener prädestinierten Pioniere der kapitalistischen Kultur aufweist. Er verlangt von den Menschen, dass sie einem notwendigen Ziele alles, sogar das Gefühl ihrer eigenen Willensfreiheit opfern sollen. Er verspricht dafür seinen Dienern, wo sie in revolutionären Hochgerichten an anderen seinen Willen vollziehen, Befreiung von den Gewissensqualen dieser Willensfreiheit" (S. 307). De Man sieht einen neuen Menschen als selbstbestimmt und damit auch der kapitalistischen Ausbeutung ledig.

Finden wir in dem neoliberalen Menschenbild einen kalt kalkulierenden, nur auf sein eigenes Wohl schauenden und Gemeinschaft missachtenden Menschen, so ist das Gegenmodell der Kommunitarismus, der einen dritten Weg zwischen Autonomie und Ordnung, also zwischen Individualismus und Kollektivismus sucht. Der Kommunitarismus in verschiedenen Schattierungen setzt sich von der Dichotomie Individuum/Markt vs. Kollektiv/Gemeinschaftsordnung ab und postuliert als dritte Säule des Gesellschaftsgebäudes die Zivilgesellschaft, also den Menschen weder als Monade noch als blinden Kollektivangehörigen, sondern als bewusstes soziales Wesen. Nicht nur seit der Konferenz von Berlin im Juli 2000 mit der Teilnahme von 14 linken und linksliberalen Regierungschefs gilt der Kommunitarismus als eher sozialdemokratisches Projekt. Man muss das mit aller Vorsicht so definieren, denn auch hier ist es so wie mit dem Kritischen Rationalismus Karl Poppers in den 70er Jahren, der fast eine Staatsphilosophie wurde und dem sich nahtlos Sozial-, Christ- und Freidemokraten verbunden wussten. Der Kommunitarismus findet auch innerhalb der Sozialdemokratie, bei den Grünen und Christdemokraten Anhänger.

Amatai Etzioni freut das. Er ist letztlich der Wegbereiter des Kommunitarismus [36 - 38]. Und ihm sei eine politische Orientierung nicht so wichtig gewesen wie die Durchsetzung seiner Ideen. Geboren 1929 als Werner Falk in Köln musste er seiner jüdischen Abstammung wegen schon früh mit seinen Eltern fliehen. In seinen Studien ließ er sich stark von Martin Buber und Ferdinand Tönnies beeinflussen. Tönnies, ein sozialdemokratischer Soziologe, Professor in Kiel, wurde von den Nazis ohne Rente aus seinem Amt gejagt und überlebte nur durch die Unterstützung von Freunden und Gefährten (ach, wie parallel und ähnlich die aktuelle Lage gerade in Erdogans Türkei!) wieder in seinem Geburtsort Husum. Von Tönnies stammt die soziologische Unterscheidung von Gemeinschaft und Gesellschaft [124]. Und hier setzt auch Etzioni an. Vielleicht ist „Die Verantwortungsgesellschaft" [38] sein Hauptwerk, es fasst jedenfalls seine Ideen als eine Gesellschaft von sozial eingebetteten Individuen prägnant zusammen.

Ein weiterer wichtiger Kommunitarist ist insbesondere Charles Taylor, der sich eindringlich mit dem „Atomismus" kritisch auseinandersetzt. Er versteht darunter die ausschließlich individuelle Begründung eines Menschseins, wie sie Nozick formuliert. Taylor kontert mit der *sozialen These* der Rechte: Wenn Individuen Rechte haben, können sie logischerweise nur in einem sozialen Kontext formuliert werden. Für oder gegen wen sollten sie sich sonst richten? Taylor findet es erstaunlich, „dass die Menschen in einer Gesellschaft, in der die gegenseitige Abhängigkeit so groß ist wie in keiner anderen und der wir weiter als je zuvor von den ursprünglichen menschlichen Verhältnissen selbstständiger Stämme entfernt sind, weiterhin in derartigen atomistischen Begriffen denken" ([120], S. 168). Taylor vertritt deshalb die These, dass das „Recht auf Rechte" und die Verpflichtung gegenüber einer Gemeinschaft gleichrangig sind. Zu den Entwicklungsmöglichkeiten freier und autonomer Menschen gehöre auch die Nutzbarkeit von Museen, Symphonieorchestern oder Universitäten. Nach Taylors Auffassung könne das freie und autonome Individuum nur auf der Basis einer Zivilisation und einer sie schützenden Gesellschaft frei und autonom sein. Taylors Menschenbild in einer demokratisch-kommunitaristischen Gesellschaft setzt vier Bedingungen voraus:

> Es gibt kein verbindliches sozialdemokratisches Menschenbild. Die Vorstellung vom Menschen ist die eines sozial agierenden Wesens mit dem Wunsch nach Autonomie in bestimmten Situationen, dem von Sicherheit in der allgemeinen Lebensführung und dem nach emotionaler Bindung anderen gegenüber. Diese Situation ist die eines Menschen im Spannungsfeld zwischen Individuum - Kollektiv - Zivilgesellschaft.

- Das Gefühl der Solidarität,
- die Möglichkeit zur Teilnahme an der Gesellschaft,
- gegenseitiger Respekt,

- funktionierende Wirtschaftsordnung.

In seinen Büchern führt er diese Bedingungen weiter aus, wobei uns der Aspekt des Respekts in seiner Ausführlichkeit überrascht, denn nach Taylor gehört dazu ein Wohlfahrtsstaat, der jedem die Möglichkeit zur Teilhabe am gemeinschaftlichen Leben bietet (damit überschneidet er diese Forderung mit seiner zweiten Bedingung).

Das Menschenbild des Kommunitarismus grenzt sich also entschieden von dem eines atomistischen, lediglich über Marktstrukturen mit anderen konkurrierend kommunizierenden Individualismus ab.

Robert Putnam veröffentlichte 1995 einen Fachzeitschriften-Artikel mit dem überraschenden Titel „Bowling alone". Im Jahre 2000 stellte er dazu einen Wälzer von 500 Seiten und 100 Abbildungen mit demselben Titel vor [102]. Ausgangspunkt war die Erkenntnis, dass zwar immer mehr Amerikaner Bowling spielten, aber dennoch die Bowling-Vereine sich mangels Mitglieder langsam auflösten. Die US-Amerikaner bowlten also lieber alleine. In diesem schweren Buch schildert Putnam die Besonderheiten und Vorteile von sozialer Vernetzung, dass es einem Staat leichter falle, auch mit schweren Problemen fertig zu werden, könne er auf ausreichend Sozialkapital zurückgreifen. Da soziales Engagement aber schwinde, müsse es gefördert werden: „To use the convenient market metaphor, we need to address both the *supply* of opportunities for civic engagement and the *demand* for those opportunities" (S. 403). Damit stellt auch Putnam sich gegen die individualistische, rein marktorientierte Sichtweise.

Kritik am Kommunitarismus

Da es *den* Kommunitarismus nicht gibt, müssen wir Einzelperspektiven problematisieren. Der wegen seiner Gerechtigkeitstheorie später unten besprochene John Rawls geht von einem Kontraktualismus, also einer Vertragsgestaltung zwischen Menschen aus. Er setzt als eine hypothetische Möglichkeit Menschen in einem Urzustand der Frage aus, wie würdest du handeln, lägen alle Möglichkeiten vor dir? Damit setzt er also als einen ursprünglichen Zustand die Idee, die später kritisiert wird: Den individuellen, nur sich verpflichteten Menschen. Damit entgeht auch Rawls nicht der Falle des Kontraktualismus, einen Urzustand, den es ja so nie gegeben hat, zu unterstellen. Und warum würden sich Menschen in einer solchen Situation so und

nicht anders entscheiden? Und warum würde
das, was gut ist für einen Menschen in einer
solchen Situation, auch gut sein für andere in
derselben Rolle oder anderen Situationen?
Das sind Fragen, auf die wir keine Antworten
erhalten haben. Sie unterminieren das Gesamtbild des Kommunitarismus aber nicht.

Zusammenfassung

Der Neoliberalismus kennt nur den Menschen
als kalkulierendes Wesen. Er sieht in ihm ein
individuelles, nur auf sich gestelltes Wesen, das
rational seine Möglichkeiten überprüft. Daraus
werden dann die Glaubenssätze des Neoliberalismus (nach Julian Nida-Rümelin [87]):

- Freiheit ist immer die Freiheit des einzelnen von Einschränkungen;
- die ideale individuelle Interaktionsform ist
  der Markt und seine Sprache ist der Wettbewerb;
- Staat und Steuern sind nicht völlig zu ver-
  meiden, sollten aber zur individuellen Ver-
  fügbarkeit möglichst gering ausfallen.

Aus der Vielzahl weiterer Publikationen, zu
denen wie z.B. zu Michael Walzer, John Rawls

oder Axel Honneth wir noch weiter unten kommen werden, ließe sich gewiss noch ohne großen Aufwand weiter Seiten füllend schreiben. Wichtig für unsere Auffassung hier bis jetzt ist:

- Politik benötigt ein Menschenbild: Für wen machen wir etwas?
- Politik als soziale Anwendung von Theorien hat ein Menschenbild, das ausgeht von einem Zusammenspiel von Individuum und Gesellschaft.
- Es sind Rahmenbedingungen erforderlich, die dem Individuum Autonomie und soziale Einbindung ermöglichen.
- Individuen sind nicht nur rational operierende Wesen, sondern sind insbesondere im sozialen Kontext emotional gesteuert.
- Die Sozialdemokratie hält sich an ein Menschenbild mit den drei Dimensionen biologicher, psychischer und sozialer Ausgestaltung.

Kurz gesagt: Der Neoliberalismus richtet sich nach Micha 7, 5[25].

---

[25] *Niemand glaube seinem Nächsten, niemand verlasse sich auf seinen Freund.*

3. Emotional

Da stand er und klopfte sich die Kälte aus dem Mantel, an diesem frühen Januarmorgen in Leningrad. Die Volkshochschule hatte eine Kultur- und Studienreise nach Moskau und Leningrad angeboten. Und nun stand er da, draußen waren es 25 Grad unter null, bis zehn Uhr würde es dunkel bleiben. Unter seinem Arm klemmte eine braune Papiertüte mit drei Büchern. Er legte sie vorsichtig an die Tischkante, zog sich den Mantel aus und griff erst einmal nach einer Tasse Tee. Wir waren im Moment noch die beiden einzigen im riesigen Speisesaal im Leningrader Hotel. Politisch waren wir beide aktiv im Bassumer Stadtrat, seit kurzem deswegen Duzfreunde. Er: ein alter Hase, hatte alles in der CDU schon an Positionen besetzt, die für einen Kommunalpolitiker interessant sind, beruflich Schmied und Innungsmeister. Ich: gerade wählbar gewordener Juso, nach Presseberichten jüngster Parlamentarier Niedersachsens, seit wenigen Wochen im Stadtrat, gut anderthalb Generationen jünger.

„Was hast du dir da gekauft, morgens um halb sieben?" deutete ich auf den Bücherstapel.

„'Ausgewählte Werke' von Lenin." Und nach einem Schluck Tee: „Die Dolmetscherin hatte

gesagt, es gebe nur ganz wenige deutsche Exemplare, ich solle mich sehr früh anstellen, die Buchhandlung öffnet um sechs."
„Lenin? Du liest Lenin?" Unvorstellbar. Nicht nur angedachtes Kopfschütteln des Jungsozialisten. Lenin…
„Ja, was ich nicht kenne, kann ich nicht beurteilen."

Diese Szene, mittlerweile 40 Jahre zurück liegend - die UdSSR gibt es nicht mehr, von Lenin redet niemand mehr, seine Stadt heißt nicht mehr so - hat sich mir eingebrannt. Ich sehe ihn noch so wie ich ihn mir damals vorgestellt habe, den Meisterschmied, der Maßstablineal, Fallbleistift und Karoblock zur Seite schiebt, um unter dem Lichtkegel seiner Schreibtischlampe mit der Dunkelheit im Rücken Lenin zu lesen. Lenin!
Wir Jusos kannten das ja, anhand von Texten und Büchern die Welt zu erklären, auf Widersprüche hinzuweisen und natürlich süffisant hingewiesen zu werden. Viel hat sich seitdem geändert. Eines nicht: Meine Bewunderung für diesen Mann, dem es auch Interesse und Freude bereitet, sich mit ganz Fremden zu beschäftigen.

Politik ist angewandtes Denken, ein Vor- und ein Nachdenken zur Gestaltung der Zukunft. Dieses Denken fußt, ausgesprochen oder nicht, auf einem Menschenbild. Dieses Menschenbild ist der Rahmen und die Basis dessen, was wir an Ideen für eine weitere Entwicklung entwickeln.

Völlig hohle Forderungen, die nur auf eine Leere des eigenen Hirns verweisen, wie „Wir wollen doch alle sachlich diskutieren" beweisen fehlende politische Kompetenz. Auf welcher Basis *sachlich*? Welche Voraussetzungen müssen erfüllt sein, um als *sachlich* zu gelten? Welches Menschenbild wird transportiert? Ähnlich sind andere entsetzliche Worthülsen: „Wir wollen doch alle für unsere Stadt (Land oder Fluss, egal, passt immer) das Beste." Und noch schlimmer: „Wir

> **Emotion**: Hirnphänomen mit eigener neurochemischer und physiologischer Regulation, Aktualität, Intensität, Qualität und Dauer, das einen psychischen Zustand wie Trauer, Freude, Angst, Eifersucht beschreibt und Verhaltensweisen steuert. (nach W.-U. Meyer et al.[76])

wollen doch alle nach vorne schauen!"[26] Klassiker dieser erschütternd langlebigen, oft sogar mit staatsmännisch weitem Blick in staatsmännisch festem Ton und staatsmännisch optimistischer Geste vorgetragenen Null-Aussage blenden damit ja auch das Wissen, das man aus Fehlern lernen könne, aus. Eigentlich leugnen sie damit jede Lernkompetenz, sie maßen sich im Grunde genommen damit auch an, einen neuen Menschen zu definieren: Entwicklung und dialektische Vergleiche mit Ge- oder Misslungenem brauchen wir nicht, wir wollen nur nach vorne schauen, unabhängig davon, wo gerade vorne ist. So gesehen ist ein Grottenolm klüger als diese Spezies Mensch: Der Olm lernt und schaut nicht nur nach vorne. Wahrscheinlich denken die Vertreter dieser Schule tatsächlich so, sie freuen sich über die durch ihre Scheuklappen verstärkte Weitsicht. Ihr Menschenbild ist das Ich, das alles bezwingt.

In die Politik gelangt man normalerweise auf zwei Wegen, entweder über persönliche oder inhaltliche Bindung: Zum einen kennt man vielleicht jemanden, der schon dabei ist und Gutes

---

[26] Sehr beliebt auch die neoliberale Fassung davon: „Schildern Sie mir keine Probleme, ich will Lösungen." Wundervoll, ganz hervorragend! Ein Brüller.

berichtet, von interessanten Diskussionen, netten Leuten, neuen Erfahrungen, von mit anderen durchgesetzten neuen Plänen, oder aber man ist von einer Person oder einer Idee, von einer Vorstellung des Zusammenlebens begeistert, manchmal auch erst nur einmal von einem bestimmten Aspekt. Oder das Gegenteil davon: Eine Angelegenheit oder Person weckt unseren Widerstand. Und dadurch wird die Lust zum Mitmachen und zur Veränderung geweckt. Es gibt auch einen dritten Weg: Den des Gefühls der Machtlosigkeit, den der Hoffnung, es denen da oben aber mal so richtig zeigen zu können. Sie gründen dann ganz bewusst keine Parteien und nennen sich später freie[27] Wählergemeinschaften oder „Andere Lösung" mit den gleichen Ritualen und Inhalten und einem immer wieder zu beobachtenden Selbstzerfleischen gerade zur Anfangszeit. Dem Ursprung nach ist diese Gruppierung aber nur eine Unterform des zweiten Aspekts, dem des Inhaltlichen.

Unabhängig vom Weg in die Politik ist jedoch, dass ich eine Wertehaltung in mir trage. Sicher, es gibt Politiker, die sich dadurch auszeichnen, einen großen Datenbestand an Telefonnummern

---

[27] Wobei: Laufen die Wähler und Wählerinnen der Parteien eigentlich geknebelt und in Ketten umher? Mir ist das noch nie so bewusst aufgefallen.

akribisch zu pflegen, joviales, ja aufmunterndes
Lächeln jeder und jedem überall und jederzeit
schenken zu können, sich fast unentbehrlich zu
machen, es sind diese Dauerlächler und Per-
manenzgrinser, die Verstehenssimulanten, die
Schnellwiederweggeher und Kurzvorbeischau-
er, die überall dabei sind, schnell einige Worte
zu aber auch wirklich jedem Thema salbungs-
voll unter das staunende Volk streuen und dabei
ein Bild für ihre Hausseite oder ihr Fratzen-
buch-Account von sich machen lassen, aber
wegen ihrer Unersetzbarkeit nie mehr als wenige Minuten Zeit für die Menschen haben ... *Sie
verstehen, leider leider, die Termine.* Und vielleicht bringen sie es in ihrer persönlichen Karriere ja auch weit - ihr Engagement ist für den
Fortschritt der Gesellschaft nicht nur völlig ent-
behrlich, sondern manchmal sogar hinderlich.
In ihren allgemein gehaltenen Aussagen be-
schwören sie eine *neue Zeit*, fordern den *Mut*,
unerschrocken alles in Frage zu stellen und
neue Wege zu suchen. Kommt die Diskussion
aber auf ihren eigenen Kirchturm oder gar ihren
Dorfschmuck, das Kralspital in noch präwil-
helminischen Strukturen, dann kneifen sie, ver-
bünden sich mit den lokalpatriotischen Schol-

lenschützern und Ja-aber-rern[28]. Sie verstehen „den Bürger", unterstützen „sein" Anliegen. Kein Wunder: Sie wähnen sich ja „nah am Bürger"!

Sie haben aber keinen Plan, keine Idee, keinen Hintergrund. Sie schwimmen im Strudel des abnickenden Ja-Sagens. Sie verkörpern den Prototyp des neuen Politikers (hier ausnahmsweise möchte ich den Ausdruck nicht gendern, denn bei Politikerinnen sehe ich das bisher nicht so in diesem Umfang, vielleicht mit Ausnahme einer sich schon einen weitschauenden Feldherrenblick antrainert habenden aktuellen Verteidigungsministerin): den des *verständnisvollen* Populisten. Der zu allem steht, was „draußen" gefordert wird. Der die Umfrageergebnisse besser kennt als die eigenen Wertvorstellungen. Für den Politik das geworden ist, was sie so unbeliebt macht: Beliebigkeit, Wischiwaschi oder Schnullibulli. Und das auch nicht unbedingt wahlerfolgreich, wie es schon im 5. Buch Mose heißt (Deut., 9, 1[29]).

---

[28] Merksatz: Alles was in der Politik vor „aber" kommt, stimmt nicht! Bsp: „Ich bin ja auch dafür, dass die Jugend beteiligt wird, **aber**…" oder: „Ich habe ja gar nichts gegen Ausländer, **aber**…" Da ist der Heuchler oder zumindest Nichtdenker schnell ertappt.

[29] *Du wirst heute über den Jordan gehen.*

Exemplarisch lässt sich hier die Diskussion zum Thema „Wolf" besonders in Niedersachsen darstellen.

Hat die FDP mit ihrem damaligen Umweltminister Hans-Heinrich Sander noch ausgerufen: „Willkommen, Wolf, in Niedersachsen!" (z.B. HAZ v. 23.11.2010, aber auch in Broschüren des Ministeriums), so sehen die Oppositionspolitiker jetzt eine Marktlücke, gegen die SPD-geführte Landesregierung Stellung zu beziehen. Groteske Maßnahme der FDP ist eine Große Anfrage (17/5112 v. 9.2.2016) mit 83 Unterfragen, z.B. solch extrem sachorientierten wie Nr. 18: *Auf welche Stundenentlohnung kommen nach Ansicht der Landesregierung niedersächsische Schaf- und Mutterkuhhalter?*

Mittlerweile positionieren sich auch SPD-Mitglieder offen auf Seiten der Opposition, tun sich durch Sach- und Rechtsinkompetenz hervor und kompensieren diese vollständige Untauglichkeit dadurch, dass sie sich mit einem Nutztierhalter abbilden lassen, der ein unschuldiges Lämmchen in die Kamera schwenkt. Schon sind sie die optimalen Helfer der Opposition: eigene Leute. Sie haben nicht bemerkt, dass die schwarzgelbe Opposition nach ihrem Politischwenk um 180° solche nützlichen Idioten, um ein Lenin zugeschriebenes Zitat zu benutzen, benötigt. Vorgeblich sollen die Grünen getroffen werden, tatsächlich aber wird die Landesregierung als unfähig dargestellt. Schon im Buch Rut der Bibel wird die enge Verknüpfung von Koalitionären erkannt (Rut 1, 16)[30]. Und die eigenen Leute machen mit. Grandios.

Zudem ist es fraglich, ob mit der Verprellung eines großen Teils der Bevölkerung, der in der Rückkehr des Wolfes etwas Positives für die Natur sieht, ein anderer Teil,

---

[30] *Wo du hin gehst, da gehe auch ich hin, wo du bleibst, da bleibe auch ich.*

der der Nutztierhalter, zu Anhängern der Politbeliebigkeit mutiert. Dieses in die Kamera feilgebotene Lämmchen wird nämlich von vielen assoziiert mit einem toten, blutigen Klumpen Fleisch, wenn ihm die Haut für eine Jacke aus Lammnappa abgezogen wurde oder wenn es zerhackt und filettiert auf Esstellern serviert wird - nur dafür wird es ja von Nutztierhaltern aufgezogen. Wenn dieses Lämmchen übrigens besonders viel Pech hat, wird es auch nicht einfach nur getötet, sondern muss einen der grausamsten Tode überhaupt sterben: geschächtet zu werden. Im Moment aber blökt es noch freundlich mit den anderen tierischen und menschlichen Schafen in die feilgehaltene Kamera.

Die Forderung dieser sozialdemokratischen Dorfprominenz via facebook nach „einer Regulierung" des Wolfsbestands zeugt nur von erstaunlicher Inkompetenz und einem rückgratlosem Politikverständnis.

So etwas zu fordern zeigt, wie weit der Populismus bereits in der SPD verortet ist.

Seit dem Washingtoner Artenschutzabkommen v. 3.3.1973 ist der Handel u.a. mit Wölfen oder Teilen (Felle, Klauen) davon verboten. Die Berner Konvention v. 19.9.1979 geht darüber hinaus und stellt im Anhang II den Wolf unter einen besonderen Schutz. Dieser Konvention ist die EU beigetreten, die EU ist nicht der Initiator. Hier eine Änderung zu erreichen ginge also weit über die Kompetenzen der EU hinaus und müsste mit Staaten aus mehreren Kontinenten neu verhandelt werden. Weitere Schutzmaßnahmen für das Überleben des Wolfes ist die EG-Verordnung 338/97, die den Schutz im Anhang A regelt. Auch die Fauna-Flora-Habitat-Richtlinie von 1992, insbesondere in ihren Anlagen II und IV (92/43 FFH-RL), regelt den Schutz des Wolfes. Das Bundesnaturschutzgesetz sieht im § 7, 2 Nr. 13 den Schutz, während das Tierschutzgesetz zwar das Töten von Vertebraten (Wirbeltieren) unter besondere Bedingungen stellt, im (neuen!) § 4a aber das Schächten, also das Zutodemartern von Schafen und Ziegen aus religiösen Gründen, erlaubt. Nebenbei: In Polen gilt seit 1995 ein allgemeiner Wolfschutz.

Deshalb sind Schäfer wie Thomas Rebre aus der Lüneburger Heide erbost über Nutztierhalter, die sich nicht um Schutzmaßnahmen kümmern. Seine Position ist klar: Ich liebe meine Tiere, ich liebe die Natur. Auch der Wolf ist Teil dieser Natur, die ich liebe. Deswegen ist es meine Aufgabe, meine Tiere zu schützen. Und Rebre übernimmt diese Schutzmaßnahmen gerne - für seine Tiere und den Wolf[31]. Die Schutzmaßnahmen, die Wölfe überwunden hatten, waren marode oder wiesen keinen ausreichenden Unterwühlschutz auf. Das wird immer gerne übersehen. Zudem locken wir selbst durch nicht geeignete Schutzmaßnahmen Wölfe her: Ein nicht ausreichender Herdentierschutz ist wie das Anfüttern von Wölfen zu werten: Wo es erfolgreich war, kommt man gerne zurück. Auch das dicke Kind weiß bald, wo die Schokolade versteckt wird. Und: Die Vermaisung, also das fast monokulturelle Anbauen von Mais zur Energiegewinnung, fördert den Zuzug von Wildschweinen. Frischlinge sind nun besonders beliebte Opfer von Wölfen (in Gegenden ohne Wölfe überleben fast 100% eines Wurfes, in der Nachbarschaft von Wölfen nur bis zu 30%). Wenn Jäger dann auch noch Luder (tote Tiere zum Anlocken von Widtieren wie Wildschweinen) auslegen, haben sie Wölfe gleich im Beifang dabei (üblicherweise werden gerne neben den

---

[31] http://www.ndr.de/ndr1niedersachsen/Woelfe-in-Niedersachsen,audio321586.html

Ludern auch noch verbotene Fallen für Füchse oder Dachse aufgestellt).

Werden, dies abschließend, dann nach dem Waidmanns-3-S (Schießen, [Ver-]Scharren, Schweigen) widerrechtlich Wölfe geschossen, so kann dadurch ein gesamtes Sozialgefüge innerhab eines Rudels mit Folgen für die ganze Natur zerstört werden: Wenn Jährlinge von ihren Eltern das Jagen und Töten nicht lernen, kann es wie beobachtet vorkommen, dass sie Beutetiere nicht töten, sondern lebendig fressen. Schuld daran haben aber hier Menschen.

Gerade am so viele Seiten zu berücksichtigenden Thema Wolf lässt sich die Kompetenz im Umgang mit verschiedenen Argumentationsebenen belegen. Einfache Lösungen sind oft die schlechtesten.

Für einen Linken ist diese Erkenntnis ganz bitter. Vor allem, wenn vorgeblich Linke so denken und handeln.

An diesem kurzen Abschnitt schon lässt sich erkennen, dass wir es mindestens mit zwei emotionalen Phänomenen im Bereich des Politischen zu tun haben:

- Dem des Emotionalen, das für die Politik einen Antrieb findet (intrinsische Emotionalität);

- und dem, wie der Politik begegnet und wie sie innerhalb der Politik instrumentalisiert wird (extrinsische Emotionalität).

3.1. Emotionalität als Antrieb

Nach Norbert Elias [34] geht der „Prozess der Zivilisation" einher mit einer Entwicklung in erster Linie der sozialen Strukturen, worauf sich dann auch eine Veränderung der Persönlichkeitsstrukturen ergeben habe. Dies habe u.a. einerseits zu einer „Psychologisierung" als vermehrtes Verständnis für andere Menschen und andererseits auch zu einer „Rationalisierung" als einer Fähigkeit zu abstraktem Denken und einer „Langsicht" über den aktuellen Anlass hinaus geführt. Aus beiden Strukturveränderungen hätten sich Formen menschlichen Verhaltens ergeben. Explizit leitet er das am Beispiel der Sexualität mit Entwicklung von Kontrolle und Tabus und auch der Gewaltbereitschaft ab. Dass es trotz zivilisatorischer Entwicklung doch immer wieder zu Gewalt gekommen sei, führt Elias auf die mangelnde Entwicklung des Gewaltmonopols des Staates zurück. Erst dort, wo sich ein gesellschaftliches Gebilde, Staat genannt, entwickelt habe, dem

ein Gewaltmonopol zugesprochen werden konnte, haben auch Menschen in (relativer) Sicherheit leben können. Die Sicherheit hänge von der Akzeptanz dieses Gewaltmonopols ab, da individuelle Gewalt nun nicht mehr erforderlich und auch nicht mehr legitim sei[32].
Unter dem Aspekt einer zunehmenden Rationalisierung seien im Verlaufe der Entwicklung auch Gefühle rationalisiert, also ihrer Spontaneität entledigt worden. Und dieser Aspekt ist wieder für das Thema einer emotionalen Beteiligung an Politik wichtig.
Jürgen Habermas hat fast sein ganzes wissenschaftliches Leben dem Thema der *Diskursethik* [47] gewidmet. Habermas erklärt (im Gegensatz z.B. zu Alasdair MacIntyre, einem der Begründer des Kommunitarismus), Ethik sei sehr wohl rational zu belegen. Habermas behauptet, dass Normen universell begründbar seien. Daher erstrebt er in einem Konsensverfahren allgemeingültige Aussagen zu erreichen. Diese Diskursethik geht von einem guten Willen aller Beteiligten aus, d.h., es ist der auch die Aussa-

---

[32] Ich denke hierbei immer an die *Notwendigkeit zur Verteidigung*, von der die us-amerikanische Waffenindustrie immer redet. Wie weit mag dort die Zivilisation Einzug gehalten haben, wo es immer noch individuelle Gewalt zur Verteidigung geben muss?

gen anderer berücksichtigende Wille zu einem Konsens Voraussetzung. Die Suche sei außerdem kognitivistisch, habe also ferner lerntheoretische Hintergründe. Und letztlich beanspruchten so erarbeitete Normen einen universellen Anspruch: Gültigkeit sowohl allgemeiner als auch konkreter Art.

Habermas formuliert über diesen Weg zur Ethik eine *Theorie des kommunikativen Handelns*, dessen wesentliches Kennzeichen eine „Deliberation" ist. Eine deliberative Demokratie finde über einen Konsens zu einer alle Interessen berücksichtigende Normenfassung[33].

Es wird allerdings sehr schwierig sein, aus allen Biografien heraus allgemeingültige Normen zu formulieren. Im Gegenteil: Brennan ([17], S. 116 ff) gibt sehr viele Hinweise, dass ein deliberativer Prozess nur in simulierten Testsituationen, kaum aber bei wirklich anstehenden Problemen funktioniert: „Statt zu einem Konsens können öffentliche Beratungen auch zu Uneinigkeit und zur Bildung von Eigen- und Fremdgruppen führen" (S. 122).

---

[33] Das Wort klingt verwirrend: „Deliberativ" leitet sich von *libra*, lat. Waage, ab und hat mit liberal in unserer modernen Auffassung nichts zu tun. Deliberation heißt Abwägung, also Beratung oder auch im weiteren Sinne Überlegung.

Bereits Plato sah dieses Dilemma. Im vierten Buch seines „Staats" beschreibt er einen entscheidenden Punkt politischen Handelns: Die Dreiteilung der Seele in Vernunft, Leidenschaften und Interessen ([91], IV Buch, ab Kapitel 428). Friedrich Rüth ([107], 159 f) spricht hier „vom ABC des politischen Handelns", indem er die platonische Seelendreiteilung mit Habermas Diskurstheorie in Übereinklang zu bringen versucht: *Arguing* stehe für Vernunft und damit für einen Prozess von Diskussion und Deliberation,

> **Affekte**: Emotionale Erregungen von meist geringer Dauer, aber oft starker Intensität.

Bargaining sei der Prozess der Interessendurchsetzung (durchaus auch mit falschen Versprechen und Drohungen), *Confrontation* ziele auf andere Identitäten oder Überzeugungen, die nicht verhandelbar, sondern von anderen Gruppen gesetzt seien.

Wir sehen: Eine rein rationale Diskursethik be-

> **Leidenschaften**: Länger andauernde emotionale Regungen, die von geringer bis zu starker Intensität reichen können.

schreibt politisches Wollen und Tun nicht umfassend. Natürlich geht es auch um die Durchsetzung von Interessen.

Seit 30 Jahren sind wir es gewohnt, Interessen als ökonomische Interessen verkürzt zu interpretieren. Albert Hirschman, ein polyglotter Soziologe, der 1933 vor den Nazis über Frankreich, Italien, Spanien und Portugal in die USA geflohen ist, verfasste seine kurze Studie „The passions and the interests" 1977 [58], also knapp vor dem Triumph des Neoliberalismus. Er beschrieb Interessen noch als „die Gesamtheit menschlichen Strebens", die auch „ein Element der Reflexion und Kalkulation hinsichtlich der Art, wie diesem Streben nachzukommen sei", enthielte (S. 41).

Wer Politik betreibt oder sich politisch einmischt, kann nach diesen Auffassungen ohne Interesse als *Gesamtheit menschlichen Strebens* (und nicht nur ökonomisch definiert) und ohne *Reflexion* diesem Wollen nicht nachkommen. Leidenschaften sind dabei wesentliche Voraussetzungen, für eine Sache Ausdauer und Hingabe zu gewinnen.

Der Hamburger Philosoph Bruno Snell, nach der Nazidiktatur erster Dekan der Philosophischen Fakultät der Universität Hamburg, hat 1946 [118] „Studien zur Entstehung des europäischen Denkens bei den Griechen" (so der Untertitel seines Buches „Die Entdeckung des Geistes") vorgelegt. Dort schildert er die Sicht der Griechen zur Zeit Homers auf den Menschen. Sie werden als nicht spontan und fast ausschließlich emotionsfrei geschildert.

Was verbinden wir mit dem Wort *Emotion*? Dem Wortsinne nach steckt Bewegung darin: *emovere* heißt im Lateinischen herausbewegen oder auch empor fahren. Es beinhaltet also ein *psychophysisches* oder *psychosomatisches* Geschehen. Der Grundgehalt ist seit langem bekannt, auch wenn zwischenzeitlich weniger Wert auf die psychische Komponente gelegt wurde. Der Arzt, Geschichtsprofessor und Dichter Friedrich Schiller hatte dies zum Thema seiner medizinischen Doktor-Arbeit über den psychophysischen Parallelismus des Menschen gemacht: „Über den Zusammenhang der tierischen Natur des Menschen mit seiner geistigen" [113] gemacht. Diese Dissertation schrieb er 1780! Und er stellte deutlich die enge Verbindung zwischen Emotion und Bewegung, zwischen Seele und Körper dar.
Die Liste von Emotionen ist sehr umfangreich. Ängstigende Gefühle wie Furcht, Angst und Panik gehören dazu, Verlustgefühle wie Trauer, Depression und Kummer, auch positiv stim-

mende Gefühle wie Freude, Lust und Wohlbefinden. Ins Extreme gesteigert sprechen wir dann von Panikkrankheit oder Sucht (eine Übersicht aus systemorientierter Sicht gibt Thomas Hülshoff [65]). Um etwas emotional positiv wie Freude

oder Lust zu erfahren, braucht es ein bestimmtes Bedingungsgefüge. In der Regel gibt es einen **Reiz**, der wahrgenommen werden muss, diese **Wahrnehmung** wird meist aufgrund von Erfahrungen aus der Vergangenheit emotional bewertet. Aus dieser **Bewertung** ergeben sich eine verstärkte **Aufmerksamkeit** und ein **Verhalten**, das über ein reflexives **Selbstbewusstsein** als Steuerungsinstrument zur Motivation führt, diesen **Reiz** öfter zu suchen (im Bereich der Psychotherapie im operanten Konditionieren kennt man dieses Modell auch als S-O-R-K: Stimulus [Reiz] – objektive Gegebenheiten – Reaktion – Konsequenz). Oder viel anschaulicher: Wer Freude an Kommunikation und Planungen mit anderen hat, wird diesem Geschehen mehr Aufmerksamkeit widmen und erhält dadurch eine Motivation für weitere Arbeit. Dies lässt auch erklären, weshalb Parteimitglieder sehr oft einen fast unendlich großen „Frustationshorizont" haben: Wahlniederlagen oder Geschimpfe anderer erreichen keine Minderung der eigenen Motivation. Anders sieht es aus, wenn die erhoffte Anerkennung über die Wahl in ein Vorstandsamt oder Nominierung für einen bestimmten Listenplatz ausbleibt. Das mag den Unterschied zwischen Wir-Aufgaben und Ich-Anerkennung ausmachen. Freude am Gestalten kennt jeder, der handwerklich tätig ist. Und Befriedigung aus schöpferischer Tätigkeit erfährt jede, die gestalterisch beschäftigt ist. Der Soziologe Mihaly Csikszentmihalyi hat für das völlige Aufgehen in eine Sache den Begriff des *Fließens* (heute ja viel lieber als *Flow* erwähnt) geprägt [28, 29]. Alles um sich herum zu vergessen und nur in der einen Sache aufzugehen: Das ist Fließen. Das ist eine Emotion, die Csikszentmihalyi als „das Geheimnis des Glücks" beschreibt.

In der Politik ist es selbstverständlich nicht anders. Es gibt schon eine hohe Befriedigung, wenn man erfahren kann, dass aus den ersten Gedanken, vielleicht im lockeren Plausch am

Zaun mit dem Nachbarn entstanden, ernstere Ideen, dann Pläne, später die Umsetzung werden. Mit Freude radle ich zu Beginn einer jeden Wahlperiode noch einmal in das Gebiet des ersten von mir mit beschlossenem Bebauungsplanes. Aus dem knappen Papier wurden Häuser, Bäume wuchsen, erst standen ein kleineres Auto und ein, zwei Kinderwagen vor der Tür, später Fahrräder und Mopeds, dann mehr Autos, noch später änderte sich wieder das Bild, die Fenster waren verändert, dort sogar ein Wintergarten angebaut worden. Es standen bald andere Autos vor der Tür, die nächste Generation übernahm die Gebäude.

Das ist Leben. Und es hat Freude gemacht, daran mitgewirkt haben zu dürfen.

Manchmal bin ich weniger bescheiden und diskutiere mit anderen über den großen Wurf: Wie kann eine gerechte Gesellschaft aussehen? Welche Bedingungen müssen erfüllt sein? Und wir finden, es macht auch Freude, sich mit anderen politischen Konzepten auseinander zu setzen. Philipp Felsch [40] schreibt in seinem Buch „Der lange Sommer der Theorie. Geschichte einer Revolte" geradezu auch die Lust, sich mit Theorie auseinanderzusetzen.

Zur politischen Aktivität gehört also auch die Beschäftigung mit Ideen.

Für sehr viele aber ist das eher fad. Sie haben ein Gefühl von unhinterfragten Grundsätzen, nach der sie eine Welt aufbauen wollen. Gerade in der Geschichte der Sozialdemokratie spielt das *Milieu* eine große Rolle. Damit beschreiben wir heutigen eine Welt des Gemeinsamen: Gewerkschaftsarbeit, Parteiaktivitäten, Teilnahme an den Unternehmungen der Falken, Einkauf in der Genossenschaft, das bildete eine enge Zusammengehörigkeit, das Gefühl für ein Miteinander. Willy Brandts allererste Veröffentlichung weist darauf hin. Als noch Vierzehnjähriger hatte er am 12.12.1928 in der Zeitung der Lübecker SPD, dem Lübecker Volksboten, einen Artikel „Die ‚Roten' Falken" veröffentlichen können [16]. In ihm kommt klar die emotionale Bindung vor jeder theoretischen Festlegung zutage[34].

Emotional ist weiterhin sehr oft die Bindung an ein Vorbild. Lernt man beim Wahlkämpfen oder sonst irgendwo einen „Großen" kennen und fühlt sich von ihm ernstgenommen und

---

[34] Die ersten Artikel Willy Brandts zeigten ohnehin einen sehr starken Bezug zum „sozialdemokratischen" Alltag, den er in seinen Berichten als 13- bis 15-Jähriger beschrieb. Es lässt sich aber auch daran schon eine Tendenz feststellen, aus dem Alltäglichen etwas Grundsätzliches herauszulesen.

angesprochen, so lässt sich daraus schnell der emotionale Beginn einer politischen Aktivität belegen. Letztlich ist das die Zusammenfassung des Buches „Wege in die Politik“ von Georg Milde [85], das im Grunde aber nur eine einzige Schmeichelei über das nie endende Engagement, die kolossale Leistungskraft, das unversiegbare Ideenreichtum, den inhaltlich bruchlosen Eintritt in den Kosmos der politsichen Unsterblichkeit und die faszinierenden Persönlichkeiten der Geschilderten darstellt. Das mag bei den Schwarzen ja vielleicht so sein (im Buch werden ausschließlich 75 CDU/CSU-Spitzenpolitiker portraitiert), bei den Roten wird es mehr Menschen und weniger dieser Titanen geben, die auf den Bildern meist mit symbolisch diffus in die Ferne weisender Hand oder feldherrlich verklärtem Blick á la von der Leyen Sinneskraft mimen. Aber abgesehen davon: der Hinweis auf Mentoren und Förderer ist ein ganz wichtiger Aspekt im Bereich der gefühlsmäßigen Bindung an eine politische Richtung.

Ein letzter Aspekt des Emotionalen in der Politik ist der der Wichtigkeit der eigenen Person. Es ist nicht zu bestreiten, Mitglied eines Parlaments zu sein, verstärkt die eigene Persönlichkeit. Und das ist auch berechtigt: Wer von vielen Menschen, möglicherweise über Jahre hinweg, immer wieder das Vertrauen bekommt, in einer Vertretung für sie tätig sein zu dürfen, der darf das getrost als Wertschätzung akzeptieren. Es ist schon erstaunlich, dass im Grunde diese Wertschätzung allen ehrenamtlichen Funktionsträgern entgegengebracht wird. Nicht selten wird ja im Zuschauerrraum des mundartlich vorgetragenen Theaterstücks der Freiwilligen Feuerwehr anerkennend geraunt: „Das war eben die Sportvereins-Vorsitzende" oder ehrfürchtig geflüstert: „Hast du gesehen? Sogar der Präsident des Kreis-Schützenverbands ist da!", wenn einer dieser lokalen Promis irgendwo erscheint. Nur bei politisch Aktiven werden da häufig Ausnahmen gemacht, sie werden sogar zum Teil wohl nicht nur unbewusst in den Presseberichten ausgespart; erklärlich ist das auch nicht so recht. Lediglich über den Fraktiosvorsitzenden weiß die Bibel anderes zu berichten (Deuter. 32, 4)[35].

Wenn es zur Hebung des eigenen Ansehens passt, ist der Schritt in die Öffentlichkeit oft nah. Und möglicherweise macht das Schwierigkeiten bei der Akzeptanz dieser Politiker: Wenn

---

[35] *Seine Werke sind vollkommen, denn alles, was er tut, ist recht.*

einer im Rat oder Kreistag auftaucht und sich
weiterhin so verhält wie er zu Hause regiert und
am liebsten den anderen wie seine Kinder zu-
rechtweisen möchte, dann ist ein solcher durchaus verzichtbar. Wenn aber jemand ihre und
seine Reputation einsetzt, um für verschiedene
Dinge Engagement zu erbringen, dann ist diese
und dieser eine wertvolle Ergänzung im öffentlichen Dialog.

Es ist, diesen Gedanken zusammenfassend,
kaum begründbar (einerseits im Sinne von nicht
zu begründen und andererseits auch nicht notwendig, begründet zu werden), dass Emotionen
als Teil des menschlichen Strebens überall eine
Rolle spielen dürfen, nur in der Politik solle
man sachlich, sprich: emotionsfrei, agieren. Das
ist schon sehr verwunderlich und absolut le-
bensfremd.

3.2. Emotionalität als Instrument

Felix Heidenreich [53] hat in einem Modell vier
Trends ausgemacht, die trotz aller Forderung
nach *Sachlichkeit* die Emotionalisierung der
Politik beschreibt. Er benennt:
1. Die Personalisierung politischer Kommu-
    nikation verzerre den Blick weg von mitun-

ter komplexen Inhalten auf persönliche Auseinandersetzungen.

2. Der Fokus der Aufmerksamkeit werde durch Dramatisierung, Skandalisierung und Boulevardisierung von politischen Strukturen auf emotionalisierende Ereignisse verschoben.
3. Die Dominanz von Bildern produziere einen Rückgang des Abstraktionsniveaus in der Debatte.
4. Die Beschleunigung politischer Prozesse impliziere eine strukturelle Bevorteilung einer emotiven vor einer kognitiven Verarbeitung von Inhalten.

Wir stehen nach diesen Überlegungen vor einer Scheidung in die vorgetäuschte Sachlichkeit und einem emotionalen Druckaufbau. Es ist in der gegenwärtigen Kultur mit Twitter, facebook oder eigenen Blogs nicht möglich, sachliche Überlegungen emotional neutral mitzuteilen. Das war früher sicherlich grundsätzlich nicht ganz anders, nicht umsonst war der Beruf des Rhetors (Redner) in der Antike einer der angesehensten, die Rhetorik war Basisfach der Patrizierzöglinge im Rom der Kaiserzeit. Die Geschwindigkeit der Verbreitung von Mitteilungen und damit die schon beschriebene emotionale statt kognitive, also gefühlsgeleitete statt überlegt abgeklärte Beurteilung von Inhalten haben allerdings erheblich zugenommen. Mit dem Druck auf eine Laptoptaste habe ich tausende von Adressaten erreicht, die sich nicht auf eine ausführliche Idee, sondern in der Regel auf eine Kürzestmitteilung, eben ein Getschilpsel, beziehen können. In der gegenwärtigen Kommunikationskultur können Ideen nicht mehr ausführlich erklärt werden, Zusammenhänge lassen sich sehr schlecht und möglicherweise nur ansatzweise darstellen, der Hang zur imageträchtigen Überschrift hat deutlich zugenommen. Und über die Wirkung von *fake news* brauchen wir in diesem Zusammenhang auch nicht mehr zu diskutieren.

Politisch gesehen sind damit Linke deutlich im Nachteil. Die Linke ist die politische Richtung des Wortes, die nicht in wenigen Silben Inhalte transportieren kann, sondern Raum braucht für die Entwicklung von Ideen[36]. Vorbehalte gegenüber „den anderen" werden schnell zu „aufklärungsresistenten Ressentiments", wie sich Theodor Mommsen einmal zum Antisemitismus geäußert haben soll. Diese Tendenz sehen

---

[36] „Ihr Linke könnt nicht twittern, bei Euch müssen immer alle Texte ewig lang sein", sagte mir eine Nichtlinke, „deswegen werdet Ihr am Ende verlieren."

wir heute auch: Eine Diskussion kann nicht
stattfinden, wenn Vorurteile und Verschwö-
rungstheorien den Überzeugungsgrad von Axi-
omen erreicht haben. Martha Nussbaum hat ihr
Buch zu „Politischen Emotionen" [92] unterti-
telt mit: „Warum Liebe für Gerechtigkeit wichtig ist". Genau dieses Bedingungsgefüge, auf
der Basis von Emotionen sachliche Entscheidungen zu treffen, wird bei einer einseitigen
Emotionalisierung vernichtet. Die Wutbürger
[7, 19] haben derweil die politischen Diskussionen zu hektischer und aufgeregter Lösungsin-
kompetenz verschoben[37].
Politik auf rein emotionaler Ebene zu führen ist
denen gegenüber völlig ungerecht, die fundierte
und abgewogene Lösungen zu Recht verlangen
können.

---

[37] Das betrifft nicht nur die überörtliche Politik.
Während der Diskussion um die Neuerrichtung einer
Sport- und Mehrzweckhalle in einem Ortsteil meiner
Stadt gab es drei vehemente Neinsager (sie wohnen in der
Nähe), die die gesamte Diskussion majorisierten. Ich
kenne nach jahrzehntelanger Ratsarbeit und auch beruf-
lich jede Bodenabsenkung in meiner Heimatstadt, den-
noch glaubte einer der Neinsager unter dem scheppernden
Beifall der anderen Vermeider mir vorwerfen zu dürfen:
„Sie wissen ja noch nicht einmal, wo die Roland-Straße
überhaupt liegt." Sie liegt, nebenbei, auf einer meiner
Rad-Trainingsstrecken.

Es gibt eine „Psychologie des sozialen Einflusses", die bisher von der Beschreibung der Mehrheit oder Autorität ausging: Sie beschäftigt sich mit sozialen Kontroll- und Konformitätswegen. Serge Moscovici hat, meines Wissens erstmals, einen genau anderen Weg beschrieben, den Einfluss sozialer Minderheiten auf einen gesamtgesellschaftlichen Wandel [86]. Das ist ein hochinteressanter Ansatz, den er anhand verschiedener Annahmen belegen kann. Insbesondere eine Annahme (Annahme 3 in Kapitel 5 des 2. Teils, S. 188 ff): „Beeinflussungsprozesse stehen in direkter Beziehung zur Erzeugung und Lösung von Konflikten" verdient weitere Aufmerksamkeit. Es sei, so Moscovici als Fazit nach einigen referierten Studien zu Akzeptanz und Widerspruch, nicht belegbar, dass Menschen grundsätzlich nach Harmonie und Einverständnis strebten, es gebe auch eine andere Möglichkeit. Gerade über dieses Gefühl der sich dann entwickelnden „Inadäquatheit" gebe es genug Anhänger, die die ehemalige Minderheitenmeinung dann als sehr einflussreich entwickeln ließen.

Ich habe diesen Ansatz nur sehr kurz referiert, aber es ist klar, dass sich das meiste daran über eine Emotionalisierung ausbildet.

Die peinlichst genau inszenierte Sportpalastrede von Joseph Goebbels am 18.2.1943 (es waren nur handverlesene, treueste Parteimitglieder geladen, der Beifall wurde lange vorher gruppenweise geprobt, zusätzlich wurden Beifallsstürme von der Platte mit eingespielt) gilt als der Prototyp einer aufpeitschenden Rede vor einem Massenpublikum (obwohl Shakespeare in seinem Drama Julius Caesar von 1599 ja schon eine aufheizende Stimmung in der Totenrede Marcus Antonius bestens beschreibt, durch den auf den Attentäter Brutus gerichteten und immer wieder kehrenden Satz „and Brutus is an honourable man"). Emotionalisierung ist oft eine Waffe in der politischen Rede. Der Appell an das Gefühl bewirkt schon mehr als eine andauernde Erklärung logischer Gründe. Wer diese Marschroute geschickt zu gehen versteht, hat bald sein Publikum und seine Anhängerschaft. Mit großer Akribie werden Farben und Slogans für Wahlen ausgesucht, werden Stichworte für die Auseinandersetzung gesucht. Es werden bei Veranstaltungen wie Parteitagen sorgsam die Hintergrund- und Umgebungsfarben mit der Musik abgestimmt, die beim Eintreffen des Matadors in die volle Halle geschmettert wird oder langsam einträpfelt. Und auf diese Weise gelingt auch das Gegenteil, das schier Unglaubliche: Es wurden bei uns „Freie Wählervereinigungen" gewählt, die trotzig verkündeten, gerade kein Programm zu haben, weil sie *sachlich von Fall zu Fall entschieden*. Eigentlich ist das ja der Tod des Politischen: Nicht wegen eines Programms gewählt zu werden, sondern gerade deshalb, weil man sich bewusst *kein* Programm gibt. Das einzige Programm ist also die Vermeidung von Aussagen. Oder anders ausgedrückt: Die Wähler sollten sich in diesem Falle bei der Frage *Inhalt* oder *Leere* für das sachliche Vakuum entscheiden.

Damit konnte man eine Zeitlang kleckern und auch einige Parlamentssitze gewinnen, geklotzt wird aber zunehmend durch völlig irrelevante Forderungen und Mutmaßungen. Dass die Ausländerfeinde gerade in den Bereichen absahnen, wo es kaum Ausländer gibt, ist schon erstaunlich. Die enthemmten Reden zeigen dann dem Gläubigen, da redet einer, der es weiß und der es schon richtig machen kann. Je skrupeloser einer redet, desto besser kann er ja nur sein. Reicht es dann nicht mehr, dann werden ganz bewusst Regelverstöße ersonnen (z.B. der „Vorwurf" einer sächsischen Berufspolitikerin, die kürzlich ihre eigene Familie gesprengt hat und mit ihrem nordrhein-westfälischem mittlerweile Aktual-Ehemann lebt, an die Kanzlerin, als kinderlose Frau verstehe sie auch nichts von der Zukunft eines Volkes), die wieder einige Adepten zu noch festeren Adepten schmieden.

In diesem Falle wird die Emotionalisierung der politischen Rede bewusst zur Mobilisierung eingesetzt. Hinweise, bestimmte Tabuwörter wie „völkisch" als Ausdruck einer rassistischen Grundhaltung wieder salonfähig werden zu lassen, passen dazu.

Das Problem: Die Erwartung wird so hoch geheizt, dass sie eigentlich kaum je zu halten ist und oft genug auch aus dem Ruder läuft. Hiervor haben bereits 1895 Gustave Le Bon („Psychologie der Massen", [15]), 1921 Sigmund Freud („Massenpsychologie und Ich-Analyse", [41]) und 1930 José Ortega y Gasset („Der Aufstand der Massen", [95])[38] hingewiesen. So richtig angekommen ist es bei den modernen Empörten aber noch nicht. Möglicherweise werden wir ja nach den Präsidentschaftswahlen in den USA auch dort ein neues Versuchsfeld erleben.

---

[38] Ein Zitat aus der Einleitung: „Anderssein ist unanständig" ([95], S. 12) bringt es auf den aktuellen Punkt.

Die Ideologie des Neoliberalismus hat es mit sich gebracht, dass wir weniger von **Scham** als Ausdruck eines gegenüber Werten versagenden Fehlverhaltens reden, sondern jetzt mehr von **Schuld** als Beschreibung eines normativen Missverhaltens sprechen: Scham korrespondiert mit Werten und einer auf Werten gründenden Gemeinschaft, Schuld entspricht dem gegenüber einem individuellen gegen Regeln und Gesetze verstoßendes Gefühl. Kein Manager wird sich wegen Misserfolgs schämen (im Gegenteil: unerträglich hohe Boni werden weiterhin als vertragsrechtlich einwandfrei eingefordert); verstoßen Ingenieure ihrer Firma gegen geltendes Recht und die Allgemeinheit betreffende Umweltbestimmungen, so ist heute maximal mit einem Achselzucken und einem „Pech gehabt, erwischt" zu rechnen – bei gleichzeitiger Forderung nach den unter anderen Umständen vereinbarten Boni. In der Politik führte das mittlerweile dazu, dass gar nicht mal mehr so häufig nach Brüchen in der Wertehaltung gesucht wird, sondern nach angeblichen „Versäumnissen". Verliert ein Schließer im Knast einen Schlüssel und zwei Gefangene können entfliehen, so hat selbstverständlich die Ministerin „Schuld", denn sie habe „ihren Laden nicht im Griff". Oder ist die Lagebeurteilung bei einem Polizeieinsatz in einer Kreisstadt im Endeffekt nicht richtig gewesen, muss der Minister zurücktreten, weil es letztendlich seine Schuld war. Und es ist auch völlig egal, wie lange diese Missetat schon vorbei ist: Der Dreck am Stecken wird notfalls wieder neu aufgetragen, damit er besser stinke.

Ich habe von diesen Zuweisungen und schnellen Rücktrittsforderungen noch nie etwas gehalten. Betrafen sie „uns", war ich schnell entrüstet, betrafen sie die anderen eher genau so schnell amüsiert: Richtig fand ich sie allerdings in den meisten Fällen nicht, so wie jetzt zum Beispiel, das kann ich ja ganz unverdächtig sagen, im postaktuellen Fall des CDU-Generalsekretärs Peter Tauber wegen einer über zehn Jahre alten angeblichen Mobbing-Regie.

Bisweilen muss man sich auch über den Sinn weiterer Ahndungen fragen: Das ehemalige NSDAP-Mitglied Hans Schneider nahm nach dem Krieg eine neue Identität an und erreichte unter seinem neuen Namen Hans Schwerte eine neue wissenschaftlicher Karriere als Germanist, wurde die letzten drei Jahre seiner Amtszeit von 1970 bis 1973 Rektor an seiner Universität, der RWTH Aachen. Er galt als linksliberal und offen kommunikativ seinen Mitarbeitern und den Studenten gegenüber, er förderte kritisches und neues Denken. Er hatte sich eigentlich völlig von seinen vorhergen Gedanken gelöst und durch Taten distanziert. Zwanzig Jahre nach seiner Emeritierung, knapp 50 Jahre (!!) nach dem Krieg, begann die Enttarnung, ihm wurden schließlich 1999 gerichtlich Ehrungen wie das Bundesverdienstkreuz für eine Zusammenarbeit mit den Niederlanden (wo er im Krieg als Besatzer tätig war), seine Habilitation (erstaunlicherweise aber nicht die Promotion) und die komplette (!) Rente aberkannt. Über diesen Sinn mag man streiten, seine Aussage „Ich habe mich doch selbst entnazifiziert" ist nicht schlüssig zu widerlegen [69]. Es gibt auch einen interessanten Roman von Jan Koneffke: „Ein Sonntagskind", der genau den gleichen Hintergrund wie dieses Thema hat [67]. Das gleiche Problem ergibt sich mit der aufgeputschten Debatte um den Stadtsoziologen Andrej Holm, der vor 26 Jahren (!!) als 18-Jähriger bei der Stasi anheuern wollte. Holm hat ja nie einen Hehl aus seiner Biografie gemacht. Aber er muss jetzt für den Machtverlust der CDU büßen und wurde mittlerweile geopfert. Hätte er 1990 einen Menschen umgebracht, wäre er längst rehabilitiert. Dass ein vorbestrafter Steuerhinterzieher wie Ulrich Hoeneß aber wieder eine millionenschwere AG leiten darf, interessiert hingegen ganz offenichtlich niemanden. Komische Zeiten sind das, in denen wir leben.

Der Unterschied zwischen Schuld und Scham ist in der Politik schon groß: Schuld ist objektivierbar und an kodierten Normen messbar. Scham ist subjektiv und an nicht-kodierte normative Werte gebunden. Mit dem Verlust von Werten tritt in der Politik auch immer mehr das Gefühl von Scham zurück und es wird nach Schuld gefahndet mit der Folge grotesker Verrenkungen bei der Schuldzuweisungsfrage.

Wenn wir die Situation betrachten, die Politikerinnen und Politiker unter sich ausmachen, sehen wir eine ähnliche Ausgangslage. In Parlamenten wird die Emotionalisierung bewusst eingesetzt, um den politischen Gegner aus dem Konzept zu bringen, ihn lächerlich zu machen, auch persönlich zu treffen. Wenn in Hannover eine Landtagsabgeordnete der Grünen unter dem pöbelähnlichen Gejohle der Opposition erschüttert ihren Beitrag abbricht, ist das Klima schon dramatisch schlecht. Auch wenn man jeder Opposition einen gewissen Rahmen von Unsachlichkeit unterstellen darf, ist das, was die schwarz-gelbe Opposition sich derzeit im Niedersächsischen Landtag erlaubt, unterhalb jeder Toleranzschwelle. Ich habe noch nie eine derart miese Opposition gesehen wie die schwarz-gelbe in Niedersachsen seit 2013 (und gleich sei eingeräumt: Unter den Spitzenplätzen der Miesigkeit rangiert für mich auch die Bundestagsfraktion der SPD am Lafontaine-Gängelband mit ihrer seinerzeitigen Verhinderungshaltung, das war nämlich überhaupt kein Politikansatz). Das hat leider auch Auswirkungen auf andere: Beim Bericht über eine Landtagssitzung hörte man den wegen seiner Pöbeleien besonders unterhaltsamen stiernackigen Parlamentarischen

Geschäftsführer der CDU in mittlerweile sattsam bekannter Weise in einen Redebeitrag hineinbrüllen. Die Reaktion einer Verwandten, die sich das gerade mit ansah: „Schalt das bitte aus, ich kann diese Schreier nicht mehr ab." – „Aber da schreit doch nur einer…" – „Ach, die sind doch alle gleich." Als Pflegedienstleiterin eines großen Krankenhauses ist sie eigentlich für klar strukturiertes Denken prädestiniert. Hier allerdings hat für sie ein Maulheld gleich eine ganze Zunft vereinnahmt. Und sie dürfte mit ihrer Haltung sicherlich kein Alleinstellungsmerkmal besitzen.

Alle wissen schon, dass dieses Getue gar nicht in erster Linie dem politischen Gegner gilt, sondern auch bewusst nach innen gerichtet ist. Mit solchen Tiraden soll auch eine Wagenburg nach außen errichtet werden, das Politgepolter gleicht den die Truppen nach vorne mitreißenden Fanfaren im Krieg. Und wenn, wie der aktuelle CDU-Landtagsfraktionsvorsitzende eine Regierungserklärung von Ministerpräsident Stephan Weil überhaupt nicht beantwortet, sondern Satzfetzen aus dem Kloakenvokabular aneinander reiht, so soll dies in erster Linie ja auch nicht Stephan Weil treffen, sondern eher den eigenen Leuten signalisieren: Ich bin einer, der's kann. Denn so ganz war er zu diesem

Zeitpunkt noch nicht aus der Runde der CDU-Spitzenkandidaturbewerber für die Landtagswahl 2018 herausgezählt worden.

Aktuell haben wir in der öffentlichen Diskussion ein großes Problem: Die Emotionalisierung aus bestimmten Bereichen ist so weit fortgeschritten, dass ein Gespräch überhaupt nicht mehr möglich ist. Beleidigungen bis hin zu Aufrufen von Gewalttaten und Morden haben in vielen Bereichen längst eine sachliche Auseinandersetzung abgelöst. Das ist ganz inakzeptabel. Und für Linke ein Desaster: Linke fühlen sich der Kantschen Aufklärung verpflichtet, in der einerseits dem Menschen grundsätzlich Gutes unterstellt wird und andererseits über das Argument, also die Vernunft, nach Lösungen gesucht wird. Die Rechtspopulisten aber haben das Gespräch konsequent abgebrochen und verweigert. Mit ihnen sachlich diskutieren zu wollen, erschöpft das Vorstellungsvermögen. Es ist nicht die Aufgabe demokratischer Parteien, mit den Rechtspopulisten zu diskutieren, sondern sie klein zu halten. Gespräche sind unter diesen Bedingungen nicht möglich und auch nicht sinnvoll.

Man kann natürlich den innerparteilichen Zusammenhalt auch versuchen, emotional anders zu fördern. So ist es in unseren Fraktionssitzungen verpönt, „nonverbale Deklamationen" wie *entsetztes Zusammenbrechen* auf seinem Platz, *Hände vor das Gesicht zu schlagen, resigniert nach hinten an die Stuhllehne zu fallen* oder ähnliches zu äußern. Auf unseren jährlichen Klausurtagungen Anfang März auf Spiekeroog gilt eine Regel: Kritik ja, aber nie verletzend und immer mit einer positiven Botschaft endend. Wir versuchen, sachlich zu arbeiten. Und emotional.

Zusammenfassung

Emotionalität in der Politik hat zwei Seiten: Sie bestimmt einerseits den Weg in die Politik, in der mit Freude an der Sache gearbeitet wird, sie belohnt aktive Parteimitglieder der Basis durch gegenseitige Freude entweder an Erfolgen oder an durchgesetzten Vorhaben und sie leistet einen Beitrag zum Unterhalt des ganzen Systems. Auf der anderen Seite ist Emotionalität ein Mittel der Politik, entweder die eigenen Anhänger noch enger zu binden oder Keile in die Reihen der anderen zu treiben. Emotionalität in der Politik ist Antrieb und Belohnung.

4. Themen des Handelns

Eigentlich müssten jetzt die von einem Linken erwarteten Politikfelder kommen: Soziale Sicherung, Lohnpolitik, Vergesellschaftungsvorstellungen... Diese Felder sind jedoch nur Teilgebiete dessen, was unsere Ziele ausmachen. Denn das nicht aus den Augen zu verlierende Ziel ist ja nicht eine Verstaatlichung von Industrien, sondern sie wäre, wenn überhaupt wünschenswert, nur ein Werkzeug zur Erreichung des wirklichen Ziels: Menschen in Freiheit, Gerechtigkeit und Solidarität leben lassen zu können. Deshalb möchte ich diese Zwischenziele anders formulieren. Vielleicht ist eine grundsätzliche Zielformulierung auch besser, denn daraus lassen sich klarere Zielschritte formulieren.

4.1. Anerkennung

Das Thema Anerkennung ist eng verbunden mit den Arbeiten des Frankfurter Philosophen Axel Honneth, der sich diesem Thema gewidmet hat. Es geht dabei um mehr als um ein anerkennendes Schulterklopfen „Das hast du aber wirklich gut gemacht". Es geht um die grundsätzliche Stellung von Individuen in Gesellschaften.

Honneth [60][39] sieht Anerkennung grundsätzlich als reziprokes Verhalten, also als gegenseitiges Betragen. Er benennt drei Muster „intersubjektiver Anerkennung": Liebe, Recht und Solidarität.

Während *Liebe* alle Primärbeziehungen wie (erotische) Zweierbeziehungen, Freundschaften und Eltern-Kind-Beziehungen umfasst, bei der sich „die Subjekte wechselseitig in ihrer konkreten Bedürfnisstruktur bestätigen und damit als bedürftige Wesen anerkennen" (S. 153), beschreibt *Recht* eine andere Ebene: Wir können nur dann Träger von Rechten sein, „wenn wir umgekehrt ein Wissen darüber besitzen, welche normativen Verpflichtungen wir dem jeweils anderen gegenüber einzuhalten haben" (S. 174). Normativ bedeutet ja: Es gibt abgesprochene oder nicht abgesprochene gültige Regeln, die wir als allgemeine Richtschnur für unser Verhalten anerkennen. Meinem Gegenüber erkenne ich mit dieser Grundhaltung Rechte an, die zwischen ihm und mir grundlegend sind. Als drittes Muster führt Honneth dann die

---

[39] Um es kurz zu machen verweise ich hier nur summarisch auf die wichtigste Schrift von Axel Honneth ohne weitere Angaben.

Solidarität aus: „um zu einem ungebrochenen Selbstverständnis gelangen zu können, bedürfen menschliche Subjekte über die Erfahrung von affektiver Zuwendung und rechtlicher Anerkennung hinaus stets noch einer sozialen Wertschätzung, die es ihnen erlaubt, sich auf ihre konkreten Eigenschaften und Fähigkeiten positiv zu beziehen" (S. 196).

In einem relativ neuen Buch [62] sieht Honneth in einer Gesellschaft *moralische Autonomie* (als soziale Interaktion auf Grund der Chance zu moralischen Stellungnahmen), *moralische Achtung* (als wechselseitiger Anerkennung moralischer Grundsätze) und *Diskriminierungsfähigkeit* (als Unterscheidungsfähigkeit zwischen Gut und Böse) (S. 193 ff) als Basis einer sich auf Freiheit gründenden Gesellschaft.

Nach so viel Theorie müsste man jetzt aber mit seinem Ortsvereinsvorstand wohl erst einmal in die Trattoria Gennaro zu Pizza und Rotwein, um sich zu erholen.

Was bedeutet das nun in der Praxis?

Das hier dargestellte Prinzip Anerkennung heißt für die Praxis zuerst einmal die Anerkennung von Rechten. Da Rechte aber reziprok sind, sind sie für mich möglicherweise mit Einschnitten verbunden, da ich sonst die Rechte anderer berühren würde. Oder anders ausgedrückt: Rechte und Pflichten sind zwei Seiten einer Medaille.

Sind wir damit einverstanden, so müssen wir uns auf Grund unseres Menschenbildes darum bemühen, Ziele zu formulieren, die diesem grundsätzlichen Ziel entsprechen.

Erste Erklärung: **Allen Menschen erkennen wir die gleichen Rechte zu**. Hier setzt nun konkrete Politik ein. Denn es ist politische Aufgabe, diese Rechte zu gewährleisten. Das ist nach unseren Maßstäben das Recht auf Leben, auf Freiheit, auf Unversehrtheit, auf Teilnahme am gesellschaftlichen Leben und auf Entfaltungsmöglichkeit. Hieraus erwachsen nun Aufgaben in Sozial-, Steuer-, Schul-, Verkehrs- und anderen Politikbereichen. Über einzelne Punkte kann man sicherlich streiten (ob im Bereich der Zuzahlungsbefreiung zur Erlangung von Krankenkassenleistungen der eigenständig aufzuwendende Betrag bei 1 oder 2% des Jahreseinkommens liegt, ist nicht das Grundproblem. Eher ist es das der Anerkennung des Rechts auf Gesundheit, das bei überbordenden Eigenleistungen ausgehebelt wird), Fakt ist nämlich: Die sogenannten Fachpolitiker oder Experten scheinen sich in dem Kleingestrüpp der Prozentklauberei häufig zu gefallen. Fakt ist dabei nämlich auch: Viele Regelungen zur Erlangung eines

Rechtsguts machen dieses Rechtsgut so unübersichtlich, dass dessen Erlangung eben doch sehr schwierig zu bewerkstelligen ist. Deshalb:

Zweite Erklärung: **Wer seine eigenen Rechte nicht wahrnehmen kann, benötigt die Anerkennung von Unterstützung.** Diese Forderung beinhaltet letztlich die Hilfe zur Hilfe. Die Anerkennung eines Rechtsguts nutzt jemandem, der dieses Recht nicht kennt oder nicht umsetzen kann, unabhängig von den Gründen dafür, nichts. Es ist also Aufgabe der Politik, hier unterstützend einzugreifen. Im größten Umfang werden sich hier Grundsätze der Sozialpolitik finden. Das ist auch im Kern der Grund für die Einführung eines gesetzlichen Mindestlohns[40]. Denn wenn Tarifverträge leicht ausgehebelt werden können, nutzt dem einzelnen ein Recht auf gerechte Entlohnung für gute Arbeit nichts. Das neoliberale Argument, damit werde die Tarifautonomie ausgehebelt, überzeugt nicht. Unverändert können höhere Abschlüsse gemacht werden, nur unter ein Mindestniveau

---

[40] Der Mindestlohn war schon sehr früh eine besondere Form der Anerkennung für Arbeit an der Gemeinschaft. So wurde bereits in Venedig per Gesetz vom 6.3.1460 (!!) der Mindestlohn eines im Arsenal arbeitenden Kalfaters auf 53 ½ Golddukaten pro Jahr festgelegt ([122], S. 322)

kann niemand verpflichtet werden. Und genauso ist dies der tiefe Grund für die mittlerweile gesetzlich verankerte Mietpreisbremse.

Die Politik hat also die Aufgabe, nicht nur Rechte zu definieren, sondern sie auch durchzusetzen. Rufe wie „das ist aber unsozial" oder „das ist nicht der sozialdemokratische Markenkern" werden nicht verklingen, weil auch die kleinste Einzelheit nie alle Eventualitäten berücksichtigen kann.

Zur Frage nach der Anerkennung von Rechten gehört dann auch die:

Dritte Erklärung: **Bei der Abwägung sich widersprechender Rechte muss jedes Individuum gleich gesehen werden**.

Was machen wir, wenn sich Rechte widersprechen? Auch das ist ein klassischer politischer Konflikt, bei der Einrichtung von Baugebieten oder Straßenbaumaßnahmen eigentlich grundsätzlich zu erwarten.

Ganz drastisch hat es John Taurek in seinem 1977 erstmals veröffentlichten Aufsatz „Does the number count?" getan (übersetzt als „Zählt die Anzahl?" in [71], S. 124-143). Er stellte folgende Situation vor: Unser Freund David leidet an einer seltenen, am Ende tödlichen Erkrankung, die auch noch spät entdeckt wurde, er benötigt zur sicheren Heilung die Hälfte aller derzeit verfügbaren Arzneimittel hierfür. Gleichzeitig wird bekannt, dass fünf weitere, uns fremde Menschen an dieser Erkrankung leiden, in einem früheren Stadium, so dass für jeden zur Heilung 20 Prozent der verfügbaren Medikamente ausreichen würden.

Was tun?

Erster Reflex: Die fünf retten, fünf sind mehr als einer. Zweiter Reflex: Aber warum? Ist Davids Leben weniger wertvoll als das der anderen? Warum muss er sterben, weil gerade zufällig auch andere krank sind?

Und schon sind wir in der Diskussion des „David-Dilemmas" (oder der Taurek-Kontroverse), für das es keine wirklich befriedigende Lösung gibt. Dies ist ein klassisches Beispiel für Probleme, mit dem sich die „Allokationsethik" beschäftigt, die sich der Frage nach der Verteilung seltener Güter stellt. In der Politik werden wir prinzipiell häufig mit solchen Problemen konfrontiert, wenn auch nicht in der Ausprägung als Frage zwischen Leben und Tod. Hier gibt es keine schnellen, einfachen Antworten, die vor allem die Gruppe der „Disliker" auf ihren Sofas vor ihren Laptops zufrieden stellen würde.

Ein typisches Beispiel aus der Kommunalpolitik: Eine Straße ist fertig gestellt, der Verkehr gerade mit schweren Lastern und SUVs hat so zugenommen, dass sie frühzeitig zerschlissen ist. Eine oberflächliche Reparatur kommt nicht mehr in Frage, eine Komplettsanierung ist erforderlich. Die Straße hat auf der einen Seite einige Wohnanlieger mit Zufahrten, die davon profitieren, auf der anderen Seite aber nur wenige Anlieger, da sich dort landwirtschaftliche Flächen befinden. Auch deren Besitzer profitieren, wenngleich auch weniger, von den Maßnahmen, da sie mit ihren landwirtschaftlichen Großfahrzeugen so besser fahren können. Nur ein einziger Hof ist davon völlig ausgeschlossen: Dort lebt Witwe A. auf einem Resthof ohne weitere Flächen, sie hat kein Auto, kommt mit ihrem Fahrrad aber noch sehr gut zurecht. Große Anschaffungen macht sie eh nicht mehr. Im Notfall helfen die Kinder.

Alle Anlieger haben jetzt einen Anliegerbeitrag zu leisten, vielen ist das einsichtig, sie profitieren ja auch davon (manche schimpfen, wie immer). Nur Frau A. nicht, sie profitiert in keiner Weise davon, braucht die Sanierung auch überhaupt nicht, kann aus satzungsrechtlichen Gründen aber auch nicht von dem Beitrag ausgenommen werden. Sie muss sich verschulden, um die für sie unnötige Straße zu bezahlen, d.h. sie muss eine Hypothek auf ihr Haus aufnehmen und zurückzahlen. Dadurch kommt sie nun unverschuldet in eine finanzielle Englage.

Ist das gerecht? Ja, gerecht ist es, denn die für alle verbindliche Gemeindesatzung, das Rechtsinstrument also, schreibt das so vor. Außerdem gewinnt das Grundstück mit dem Haus formell an Wert, wenn eine gerade sanierte Straße vorbei führt (was besonders die Erben später spüren werden). Da ist der Anliegerbeitrag ein Stück Ausgleich für die Leistungen der Gemeinschaft. Und es ist auch dann noch gerecht, wenn der Rat der Gemeinde in vielleicht sogar der gleichen Sitzung für andere Straßen Sondersatzungen mit anderen Zuzahlungen beschließen sollte.

Ist das aber fair? Nein, muss man ganz ehrlich sagen, das ist es im Grunde genommen natürlich nicht.

Eine Lösung ist hier auch nur sehr schwer zu erzielen. Die Gemeinde könnte ihr die Bezahlung zwar stunden, was ist aber, wenn sich andere darauf berufen oder sich sogar rechtliche Schritte vorbehalten (wie der in einem entfernten Ortsteil lebende Großbauer B., dem wegen seiner finanziell gesunden Situation eine Stundung in einem anderen Fall abgeschlagen wurde)?

Eine sehr vertrackte Situation. Und wir merken: Gerechtigkeit ist hier gar nicht die Frage, diese Situation stellt Fragen, die über Gerechtigkeit hinausgehen: nach der Fairness. Diese Lage führt uns aber auf diese Weise zu einem weiteren Abschnitt im Bereich der Anerkennung: dem der Anerkennung persönlicher Eigenarten. Unser Grundgesetz bietet uns die freie Entfaltung der Persönlichkeit. Schon wird es wieder politisch. Auch hier können sich ja Rechte gegenseitig widersprechen. Am bekanntesten ist das Kopftuchproblem: Die freie Entfaltung führt eben dazu, dass viele Frauen freiwillig *den Schleier nehmen* (wie es ja auch Nonnen tun). Nun ist dieses Kopftuch aber auch in vieler Hinsicht ein Symbol der Unterdrückung, der Minderachtung von Frauen, insbesondere wenn es sich um Totalverschleierungen wie bei Burka, Carsaf und Niqab oder einer Fasttotalverschleierung wie bei Pardösü oder Tschador handelt. Noch problematischer wird die Sichtweise, wenn wir berücksichtigen, dass der Tschador tatsächlich auch eine politische Dimension hatte: Schah Reza Pahlavi hatte im Iran das Tragen des Tschadors sehr früh (1936) verboten, so dass gerade viele Frauen aus Protest zum Ende der Schahzeit diesen Tschador trugen.

Für viele ist die Ansicht verschleierter Frauen
einerseits fremd und dadurch bedrückend, für
manche sogar beängstigend, andererseits aber
auch ihrem eigenen Lebensstil entgegengesetzt.
Und manche mögen Vollverschleierungen einfach nicht, weil sie selbst beobachtet werden
können, aber nicht „zurückbeobachten" können.
Vollverschleierungen widersprechen heftig unserem Grundsatz von einer offenen Gesellschaft.

Könnte man nun zu der Einsicht gelangen, der
Schleier sei mit unseren Auffassungen zu verbinden, **weil es mich nicht betrifft**, so wird es
schwierig mit der Anerkennung, wenn unsere
eigenen Belange betroffen werden: Wenn aus
religiösen Gründen Familien ihren Töchtern den
Sportunterricht verbieten, Freibäder zu Bikini-
freien Zonen erklärt werden sollen[41] oder Män-

---

[41] Wieder eine typische Frage nach Gerechtigkeit und
Fairness: In einem Stadtteil lebt eine zahlenmäßig starke
muslimische Gemeinschaft, die durch eine Volksabstimmung durchsetzen möchte (und könnte!), dass im öffentlichen Freibad nur noch geschlechtsgetrenntes Baden in
verhüllender Kleidung („Burkinis") zugelassen wird. Wie
verhalten wir uns? Volksabstimmungen haben einerseits
ein großes demokratisches Gewicht, andererseits ist diese
beabsichtigte Ordnung bei uns völlig unvorstellbar. Und
wir wissen auch: Anzunehmen ist, dass ohne eine solche

ner sich von Frauen kein Essen reichen lassen möchten, dann sind Grenzen erreicht, die unsere Grundüberzeugungen betreffen. Und hier wird es mit einer Anerkennung schwierig. Unsere Position ist es: Freiheitsbereiche bedeuten eine Trennung von Öffentlichkeit und Religion, sie bedeuten aber auch gleichzeitig eine Anerkennung des Lebensstils meines Gegenüber. Mein Gegenüber hat dadurch aber auch nicht das Recht, seine Auffassungen mir überzustülpen. Diese Anerkennung betrifft damit sehr viele Lebensformen, seien es die Tätowierungen Benötigende, gleichgeschlechtlich Liebende, Veganer oder Anhänger der verschiedensten Volksmusiken: Ihr Lebensstil wird von mir anerkannt. Und in Verbindung mit den drei Erklärungen zur Rechtssituation entwickelt sich daraus die Solidarität als weitere Komponente. Während Liebe reziprok fühlende Menschen und Recht die legale Situation betreffen, sieht Solidarität die soziale Dimension. Solidarität bedeutet es eben als politische Aufgabe, ein Verständnis für unterschiedliche Bedürfnisse und Fähigkeiten zu wecken und zu befriedigen. Wir müssen konstatieren und berücksichtigen:

Trennung sehr viele Muslimas wohl kaum in den Genuss des Freibads kommen werden.

Die **Fähigkeit** zu studieren kann nur umgesetzt werden durch die **Leistung** der Gesellschaft, Universitäten zu errichten, die **Möglichkeit** zu einer Party zu fahren kann nur umgesetzt werden durch die **Bereitschaft** der Gesellschaft, Straßen zu schaffen. Umgekehrt kann später die nachts zu Hilfe gerufene Ärztin die Leistungen und Bereitschaften der Gesellschaft für ihre Arbeit nutzen. Solidarität ist ebenfalls reziprok.

Aus dem Grundsatz der Anerkennung lassen sich die einzelnen politischen Maßnahmen ableiten.

Wir haben aber auch bemerkt: Es gibt Situationen, in denen wir mit den Forderungen nach formaler Gerechtigkeit keine wirkliche Gerechtigkeit erzielen können (s. Frau A. im Beispiel oben). Die Anerkenntnis, dass Frau A. eine andere Lebensform hat, die wir ihr mit unserer formalen Gerechtigkeit zerstören, müsste eigentlich andere Bedingungen für sie zur Folge haben. Lässt es „das Recht" nicht zu, müssen wir findig sein.

Wir sind hier auf einem sehr schmalen Grat zwischen Rechtstaatlichkeit und Willkür. Rechtlich ist eine anteilsgerechte gleiche Abgabe unbestritten, ändern wir das, müssen wir das einerseits klar begründen können, andererseits

müssen wir uns bewusst sein, eventuell sog.
Präzedenzfälle zu schaffen.
**Gerechtigkeit und Fairness in der politischen
Praxis sind die Folgen des Grundsatzes der
Anerkennung**.

Anerkennung ist sehr eng mit Freiheit verbunden, eigentlich eine der Ausdrucksformen von
Freiheit. Dieser Begriff wird aber auch von
Gegnern eines gemeinschaftlichen Lebens ver-
wandt.
Im Allgemeinen unterscheiden wir negative
Freiheit von positiver: Negative Freiheit ist eine
„Freiheit von", also eine Freiheit ohne Fesseln,
ohne Bevormundung, ohne Zwang. Das ist die
Freiheit der Neoliberalen. Positive Freiheit ist
eine „Freiheit zu", nämlich zur Selbstentfaltung,
zur Ausnutzung von mir gegebenen Ressourcen. Das ist der Freiheitsbegriff der Linken.
Hinderungsgründe zur Freiheit gibt es aber
nicht nur in äußerlichen Umständen, auch innere Barrieren wie Angst können dazu führen,
Freiheit nicht leben zu können. Oft sind auch
Zweifel und Unsicherheit Schranken, die eine
freiheitliche Entwicklung behindern. Das Wissen, sich irren zu können, lähmt oft. Da ist der
Neoliberale eigentlich fein heraus: Da er alles
rational sieht, ist er unfehlbar.

Eine weitere Unterteilung betrifft die in „quantitative" und „qualitative Freiheit", wie sie eindrucksvoll Claus Dierksmeier [32] schildert. An einem sehr prägnanten Beispiel macht er das klar: Die Auswahl der Fortbewegungsmöglichkeit, um von einem zum anderen Ort innerhalb der USA zu gelangen, ist oft eingeschränkt: Manchmal gibt es nur einen einzigen Highway, Bahnen oder Busse fahren nicht, mit dem Fahrrad kommt man gar nicht voran. Andererseits ist die Auswahlmöglichkeit an Fahrzeugen mit unterschiedlicher Motorisierung und Ausstattung sicherlich groß. Das heißt: es gibt eine starke „quantitative Freiheit", aber eine geringe „qualitative" (S. 277 f). Dierksmeier beschreibt es so: „*Vielzahl* ist quantitativ. *Vielfalt* ziel jedoch auf die *Diversität* in der Vielzahl: auf eine qualitativ unterschiedlich gegliederte Menge" (ebd., seine Hervorheb.).
Qualitative Freiheit umschreibt also am besten das linke Projekt der Anerkennung.

4.2. Partizipation

Im Wort Partizipation stecken zwei lateinische Wörter: *pars* für Teil und *cipere* für nehmen. Ein *Participium* ist demnach ausgerichtet auf eine *Teilnahme*. Es bedeutet also mehr als nur

Mitbestimmung oder Anhörung. Es beinhaltet in dieser Auslegung eine Aktivität als Teil eines Ganzen.

Partizipation basiert auf verschiedenen Annahmen und Voraussetzungen.

Die *erste* Voraussetzung ist im Prinzip die Zusammenfassung des gesamten Werks von Kant: Der Mensch ist gut. Er hat einen guten Willen. Dies ist damit auch die Voraussetzung für Partizipation: Nicht ausschließlich, wie sehr häufig geschehen, das eigene Interesse zu sehen, sondern die **Teil**nahme am Ganzen zu betrachten.

Eine *zweite* Voraussetzung ist Transparenz: Das, was gesagt und getan wird, ist deckungsgleich. Das bedeutet aber auch Umkehrbarkeit: Wenn ich erwarte, dass mir das geglaubt wird, muss ich diese Redlichkeit auch anderen unterstellen. Gerade in der Politik gehen wir von grundsätzlich anderem aus: Da wird dem politischen Gegner (neuerdings: politischer Marktteilnehmer) gerade das Gegenteil, nämlich Unredlichkeit, untergeschoben. Meist sogar begründet, denn Taktik wird seit Machiavelli grundsätzlich als Skrupellosigkeit empfunden.

Gehen wir von einem Idealzustand aus, so bedeutet das, dass ich meinem politischen Gegner in der Diskussion erst einmal glaube, was er möchte. Die Änderung eines Flächennutzungs-

146

plans zu einem Baugebiet sieht er wirklich als ergänzende Möglichkeit, für einen bestimmten Bereich etwas zu bewirken. Doch auch wenn ich später feststelle, dass Freunde von ihm und auch er selbst dort dann durch diese Planänderung interessant gewordene Flächen besitzen, bedeutet der Grundsatz der Redlichkeit: Ich prüfe erst einmal, ob diese Idee wirklich für den Ort etwas bringt. Verwerfe ich diese Option, weil die Lage zu weit entfernt ist vom Ortskern oder sämtliche Versorgung noch fehlt, weil diese Idee eine Zersiedelung der Landschaft bei gleichzeitiger Versiegelung bester Ackerfläche bedeutete, dann muss ich aber auch von meinem Kontrahenten erwarten, dass er meine Argumente als für mich gültige anerkennt und nicht vorschiebt, meine Darlegungen basierten auf der Kenntnis seines dort angesiedelten Besitzes.

Wir wissen, wie fast unmöglich das ist. Diese Erfahrungen kennen wir aus jedem Bereich. Wenn der Trainer seinen eigenen Sohn aus der A-Jugend zum Torwart der 1. Herren befördert, müssen wir erst einmal unterstellen, dass er ihn wirklich für den besseren als den aktuellen Stammtorhüter hält und nichts für die Familienehre tun möchte. Oder wenn die Chorleiterin zwei Tenöre auswechselt von denen der Ersetzende nun ausgrechnet ihr Lebensgefährte ist, sind wir erst einmal gefordert, dies für eine Sache des Kunstverständnisses und nicht von persönlichen Beziehungen zu halten.

Partizipation setzt demnach fast utopische Verhältnisse voraus. Aber gerade wer im politischen Leben arbeitet, sollte dies als *konkrete Utopie* im Sinne von Ernst Bloch sehen: Eine optimistische Grundhaltung, in der ein Prozess der dialektischen oder schrittweisen Verwirklichung eingebettet ist [14].

Partizipation als Gemeinschaftsaufgabe erstreckt sich in meiner Lesart eben ganz bewusst nicht auf gelegentliches Einbringen, Wählen oder Abstimmen. **Partizipation ist eine Grundhaltung des Gemeinsamen.**

Und wenn wir es eine Nummer kleiner brauchen, und dies ist die *dritte* Voraussetzung: Zur Partizipation gehören Information, Abwägung („deliberativer Prozess"), Diskussion und Entscheidung.

Wie jede politische Entscheidung basiert auch die Partizipation auf drei Gütergrundsätzen:

1. Moralische Grundsätze,
2. Gerechtigkeitsregeln und
3. Prinzipien zur speziellen Güterverteilung.

Diese Regeln gelten nicht nur für politische Entscheidungsprozesse, sondern grundsätzliche für alle Formen öffentlicher Beteiligungen.

Partizipation muss auch gleich berechtigt sein, d.h. es dürfen nicht nur die aktuellen Partizipanten berücksichtigt werden, sondern auch die zukünftigen und, so merkwürdig das für manche klingt, auch die vorhergehenden.

Jede Entscheidung hat Folgen für die Zukunft, wie jede Entscheidung auch auf vorhergehenden Entscheidungen basiert. Es muss also *das, was wird* berücksichtigt werden. Im Neoliberalismus gibt es für jede öffentliche Auseinandersetzung ein Totschlagargument: *Alles von unserem Geld.* Erstens mal ist das natürlich falsch und zweitens: wenn das so stimmen würde, dann ist auch das, was jetzt konsumiert wird, vom Geld unser Vorgängerinnen und Vorgänger. Nicht nur sogenannte weiche Faktoren wie Bildung oder Handwerk, sondern auch anderes wie die Infrastruktur eines Gebiets, die wirtschaftliche Lage oder ganz besonders die aktuelle Rechtsstellung und -entwicklung sind Ergebnisse der Entscheidungen anderer, also von „deren Geld". Alle Entscheidungen betreffen immer mehr als nur den aktuellen Zeitpunkt gerade politische Entscheidungen sind ja in die

Zukunft gerichtet. „Alles von unserem Geld“ ist die denkbar falscheste Ansicht.

Der Neoliberale kennt ja nur den hier lebenden Menschen, er kennt keine Solidarität zu anderen, er weiß nichts von den Leistungen vorhergehender Generationen, er schert sich nicht um die folgenden Generationen.

Wir leben in einer repräsentativen Demokratie. Das bedeutet, dass Menschen („Wählerinnen und Wähler“) andere für einen bestimmten Zeitraum ernennen, in ihrem Sinne Entscheidungen von weitreichendem, öffentlichem Interesse zu fällen. Gleichzeitig ist aber die Wahl geheim: Der repräsentativ Gewählte kennt diejenigen folglich nicht, die ihm ihr Vertrauen gegeben haben. Auftraggeber und Auftragnehmer sind also nur in einer Richtung bekannt.

Das macht die Sache nicht besonders einfach. Wir gehen einerseits davon aus, dass Menschen mit gleichen oder ähnlichen Ansicht einen Teil der Allgemeinheit bilden (*pars*, lat., demnach Partei), sich diese also im Falle einer Wahl ergänzen sollen. Zum weiteren erkennen wir in einem Programm die Grundsätze, die nach einer Wahl gelten und aus denen sich dann Handlungen ergeben sollen. Aber letztlich gibt es auch Situationen, die in keinem Wahlprogramm ausformuliert worden waren, die sich aber situativ ereignet haben. Das aktuelle und noch andauernde Problem der Flüchtlingsunterbringung und -versorgung ist ein solches klassisches Beispiel: Darauf konnte in keinem Wahlprogramm eingegangen werden, schlicht weil dieses Problem noch nicht existierte. Bei der Bewältigung einer humanen Katastrophe musste nach Grundsätzen entschieden werden. Es gibt in Deutschland eindeutige Regelungen, die nicht Sonnenscheinsituationen, sondern Notfälle betreffen. Die Kenntnis darüber und ein gefestigtes Bild vom Menschen (hier dem christlichen Grundsatz am Beispiel des barmherzigen Samariters) folgend ließ Angela Merkel (vermutlich) zu ihrer Aussage: Wir schaffen das! kommen. Damit war sie in einer Zwickmühle. Denn viele ihre Wählerinnen und Wähler bekundeten deutlich ihren Unmut darüber, *dafür* habe man sie nicht gewählt.

Wie hätte in einem solchen Fall Partizipation ausgesehen? Es musste eine schnelle Entscheidung auf der Basis unseres Rechts- und besonders unseres Werteverständnis unter Berücksichtigung der finanziellen und sozialen Folgen getroffen werden. Zu einer Abstimmung im Sinne einer Volksbefragung hätte es kaum kommen können, dafür war die Zeit auch nicht da. Und im Zustimmungsfall hätte nur die gültige Rechtslage bestätigt werden können, im Ablehnungsfall wären Grund- und Menschenrechte betroffen worden und damit wäre diese Entscheidung rechtswidrig. Sich nur auf den Kreis in bestimmter Weise eloquenter Teilnehmerinnen und Teilnehmer sozialer Medien oder der Brüller auf dem Anhänger in Dresden zu berufen, wäre keine echte Partizipation. Ebenso wäre es sie auch nicht, würde man nur die aktiven Helferinnen und Helfer der Gruppen berücksichtigen, die sich einer erneuerten Willkommenskultur angeschlossen haben.

Das ist das klassische Beispiel für ein kaum lösbares Problem. Sehr viele fühlen sich betroffen, sind es vielleicht auch, weil vorübergehend ihre Turnhalle belegt war oder weil sie vor Fremden in ihrer eigenen Stadt einkaufen mussten.

In diesem Falle müsste Partizipation über vermehrte Kommunikation laufen, über Gesprächskreise und Mitmachinitiativen oder bewusst dem Gegenteil, nämlich Verweigerungshaltungen. Weil in einer repräsentativen Demokratie zwar die Wählenden die Gewählten kennen, aber nicht umgekehrt die Gewählten die Wählenden, entwickelt sich schnell aus solchen Notsituationen ein Bild von Abgehobenheit und

„Volksferne". Natürlich ist es das nicht, für viele mag es sich aber so anfühlen.

Brechen wir das Thema auf andere Gebiete herunter, die nicht derart affektiv besetzt sind, aber doch deutliche Brisanz besitzen. Da ist ein typisches Beispiel die Schließung kleinerer Grundschulen oder die Verbreiterung von Bundesstraßen wegen des zunehmenden LKW-Verkehrs. Hier sind Menschen direkt betroffen – und zwar nicht nur gefühlt.

Auch wenn die Schülerzahlen eine deutliche Sprache sprechen und damit sowohl Chancengleichheit als auch ausgewogener Unterricht häufig nicht mehr möglich ist, wird bei vielen die Schließung kleinerer Schulen auf dem Lande Unmut auslösen. Sieben einzuschulende ABC-Schützen sind eben kein Klassenverband mehr. In einer solchen Situation muss also eine Lösung gefunden werden. Die Schülerzahl muss berücksichtigt werden: Kann so überhaupt Unterricht gehalten werden? Ist es bei Lehrermangel eigentlich fair anderen Schulen gegenüber hier auf diese Weise Lehrkräfte zu binden? Kann andererseits eine solche Schule die Angebote erbringen, die in größeren zum Standard gehören? Wären die Schülerinnen und Schüler der kleinen Schule dadurch nicht benachteiligt? Wie sieht andererseits die Perspektive in dem

Ortsteil aus? Sind weitere Baugebiete für junge Familien geplant, ist also mit einem höheren Aufkommen zu rechnen? Welche Auswirkungen hätte eine Schul- und eventuell damit verbunden Turnhallenschließung für die Entwicklung des Orts, für den Sportverein, für die KiTa am Ort? Wäre eine Schließung nicht ein Signal: Hier gehen bald die Lichter aus? Und ein Blick auf die Gesamtheit: Welche Folgen hat der Erhalt einer Kleinstschule für die Gesamtentwicklung der Kommune? Welche Mittel werden nach dem Prinzip der Fungibilität anderen Bereichen entnommen?

Diese Fragen müssen in einem deliberativen Prozess erörtert werden.

Sehr oft schließen sich im Laufe einer solchen Entwicklung die Eltern der betroffenen Schule zusammen und versuchen über ein Volksbegehren eine Entscheidung der kommunalen Selbstverwaltung zu ersetzen. Nachvollziehbar ist das ohne Zweifel: Meine Kinder sollen die nach meiner Meinung beste Schule haben (unabhängig davon, ob sie das in der Realität ist). Egoismus ist legitim. Nur Politikerinnen und Politiker dürfen in solchen Fragen nicht egoistisch sein, von ihnen wird zu Recht verlangt, anders und ausgewogener zu entscheiden.

Und jetzt stellen sich die Fragen nach der Art und dem Umfang der Partizipation. In der konkreten Utopie eines idealen Prozesses würden die Argumente gesammelt und gewichtet. Letztlich kann die Partizipation von Interessierten aber nicht die Entscheidung für alle ersetzen. Die Interessierten dürfen ohne Probleme ihre eigenen Vorteile verteidigen, was den Parlamentsmitgliedern aber nicht möglich ist. Es gibt in diesem Falle Fragen zu klären, die genau darauf zielen zu erfahren *das, was wird*. Hier werden andere Themen einfließen: Die Eltern, die jetzt Mittel binden wollen, um die Kleinstschule zu erhalten, sind aber bald nicht mehr Eltern von Schülerinnen und Schülern dieser Grundschule. Wie würden die nachfolgenden Eltern reagieren? Wie können die sich einbringen? Diese Schulen zu erhalten bedeutet die Bindung von Mitteln. Die können jetzt nicht mehr für die marode KiTa im anderen Ortsteil oder das neue Tanklöschfahrzeug oder den Erhalt eines Tierparks für alle aufgewendet werden. Oder es müsste Geld anderweitig beschafft werden, was im Falle einer Steuererhöhung auch die oben angeführte Frau A. treffen wird, die gerade ohnehin mit ihrem Anliegerbeitrag gebeutelt ist. Wir müssen bei allen Entscheidungen gerade auf dem Weg zunehmender Partizipation die **Gerechtigkeitskette** berücksichtigen. **Entscheidungen welcher Art auf immer haben Nachwirkungen in ganz anderen Bereichen.**

Bei Fragen der Partizipation muss also immer auf das Gesamtbild verwiesen werden. Letztlich treffen in bestimmten Situationen verschiedene Egoismen aufeinander. Repräsentative Demokratie bedeutet also auch ganz schlicht und einfach: Es ist der Versuch, zu einer **Interessenkongruenz** zu gelangen.

Partizipative Gestaltung des öffentlichen Lebens setzt voraus: Transparenz, Deckungsgleichheit von Wort und Tat, einen deliberativen Diskurs, ein Kantisches Verständnis vom Gutes wollenden Menschen und letztlich natürlich eine Einigung über Abläufe zur Entscheidungsfindung. Partizipation als Teilhabe am gemeinschaftlichen Leben wird bestimmt durch die Ernsthaftigkeit der Teilnehmenden.

Eine *vierte* Voraussetzung zur Partizipation muss deshalb hier angeführt werden: *Das, was wird* muss zu überschauen sein. Wir müssen die materiellen und sozialen Folgen berücksichtigen. Das ist zugebenermaßen besonders dann nicht einfach, wenn vom Sofa aus mit dem Laptop auf den Knien die Welt erklärt wird. *Wir sind das Volk* fand auf der Straße, in Diskussionszirkeln, Kirchen, Betrieben oder zwanglos statt. Aber nicht ausschließlich über „soziale Netzwerke".

Die Überschaubarkeit muss sich im politischen Bereich demnach auf Bereiche beziehen können, die bekannt sind. Deswegen ist politische Partizipation am effektivsten und nachhaltigsten im kommunalen Bereich angesiedelt: Hier wohnen und leben diejenigen, die partizipieren *können*. Hier sind sie die Experten für ihr eigenes Leben. Die Folgen von Entscheidungen sind direkt vor Ort überprüfbar und im wahrsten Sinne einsichtig. Deshalb muss gerade die kommunale Partizipation auch durch Verbesserung direkter Beteiligungselemente wie Bürgerbegehren oder Abstimmungen deutlich gestärkt werden. Nun sind Kommunen unterschiedlich groß, in Niedersachsen z.B. reichen die Gemeindegrößen von 301 (Damnatz, Kreis Lüchow-Dannenberg) bis über 532.000 (Hannover) Einwohnerinnen und Einwohner. Damit ist auch die Möglichkeit zur Partizipation unterschiedlich groß. Und auch das, was eine Kommune beschließt, hat abhängig von ihrer Größe unterschiedliche Folgen für ihre Nachbarkommunen. Zudem gibt es für die meisten Kommunen Zwischeninstanzen, die sehr weit abgehoben von tatsächlichen Partizipationsmöglichkeiten liegen, aber dennoch über Umlagen oder andere Steuerungsinstrumente verfügen, mit denen sie in die Angelegenheiten der Kommunen eingreifen: die Landkreise. Da es andererseits mit den sog. kreisfreien Städten funktionierende Gegenbeispiele gibt, müsste der Weg zu vermehrter kommunaler Partizipation darin bestehen, die Landkreise aufzulösen und stattdessen im Rahmen einer Gebiets- und Gemeindereform wirtschaftlich gesunde Kommunen in Mindestgrößenordnungen von 75.000 oder 100.000 Einwohnerinnen zu schaffen. Alle Maßnahmen können von solchen kreisfreien Städten erledigt werden, kein einigermaßen vernunftbegabter Mensch braucht zur Erledigung irgendwelcher Aufgaben Landkreise. Mit einer einzigen Ausnahme: Kreistagsabgeordnete! Sie sind die einzigen, die tatsächlich zur Bestätigung ihrer unersetzbaren Wichtigkeit Landkreise benötigen. Sonst können alle Aufgaben von größeren Kommunen mit dann verbesserter Partizipation übernommen werden. Und das ist das Ziel: Partizipation. Und nicht das sinnfreie Klebenbleiben an abgestandenen, ineffizienten und überalterten Strukturen.

4.3. Verteilung

Wir leben in einer Leistungsgesellschaft, so ist
das Axiom derjenigen, die Gehälter und arbeits-
loses Einkommen aus Kapitalbesitz rechtfertigen. Es gibt nur ein Problem dabei: Der fehlende Maßstab. Oder politisch gefragt: Was ist
Leistung? Physikalisch ist das klar: Leistung ist
Arbeit pro Zeiteinheit. Wir hätten damit die
Situation, dass ein kräftiger Maler pro Stunde
zehn Quadratmeter streichen kann, ein dünnerer
oder kleinerer aber nur neun. Demnach müsste
sich der Lohn des ersten höher bemessen als der
des zweiten.

Und welchen Maßstab nehmen wir in unterschiedlichen Bereichen eines Betriebs? Ist die
Leistung eines Geschäftsführers mehrfach höher als die eines Stauers in einem Logistikbe-
trieb? Oder ganz eklatant: Ist die Leistung des
Vorstandsvorsitzenden von VW wirklich
240mal so hoch wie desjenigen, der am Band
die Autos baut? Oder anders ausgedrückt: Entspricht seine Leistung *pro Werktag* der *Jahres-
leistung* eines Arbeiters, so wie es den Gehalts-
unterschied ausmacht?

Die Fragen zu stellen beantwortet sie schon:
Diese Maßstäbe gibt es nicht, sie sind irrational

und stören das emotional geprägte Gerechtig-
keitsempfinden.

Teilhabe bedingt eine politische Antwort auf
die Frage: Nach welchen Kriterien werden die
gesamtgesellschaftlich hergestellten Güter und
Werte verteilt? Wenn die Politik und die in ihr
wirkenden Akteure keine plausible Antwort
dazu finden, wird das Gefühl der Mehrheit immer das einer Vernachlässigung sein. Der wichtigste Aspekt von Verteilung ist nämlich der
Wert der Gerechtigkeit. Sind diese enormen
Einkommensunterschiede, die gewaltigen Dif-
ferenzen bei Beteiligungsmöglichkeiten oder
die erheblichen Unterschiede im Bereich der
Nutzung gemeinsam erwirtschafteter Güter
nach einem Prinzip der Gerechtigkeit zu rechtfertigen?

Zur Frage einer Verteilung müssen wir uns
demnach erst einmal die Frage nach der Grundlage von Gerechtigkeit stellen.

Seit der Beginn der Menschheitsgeschichte gab
es Überlegungen, was Gerechtigkeit ist, im
Prinzip ist die Philosophie Sokrates, Platos und
Aristoteles dieser Frage gewidmet, die urchrist-
lichen Autoren befassten sich damit, die mittel-
alterliche Philosophie (obwohl sie als „ancilla
ecclesiae", als Magd der Kirche galt) fragte
immer wieder danach, Kant, Hobbes oder Hu-

160

me widmeten sich in der Neuzeit dieser Frage. Und zum Ende des 20. Jahrhunderts beschäftigten sich ganz besonders John Rawles [104], Michael Sandel [109] und Michael Walzer [127] mit dieser Frage. Wir können es auch anders ausdrücken: Eine schlüssige, allgemeinverbindliche Antwort auf die Gerechtigkeitsfrage haben wir nicht. Und deshalb müssen wir selbst sie beantworten. Und zwar auf der Grundlage unseres Gefühls für Gerechtigkeit.

John **Rawls** hat 1971 „Eine Theorie der Gerechtigkeit" vorgelegt, eine Untersuchung, in der er

> **Die beiden Prinzipien der Gerechtigkeit nach Rawls**:
> (1) Jedermann soll gleiches Recht auf das umfangreichste System gleicher Grundfreiheiten, das mit dem gleichen System für alle verträglich ist;
> (2) Soziale und wirtschaftliche Ungleichheiten sind so zu gestalten, dass (a) vernünftigerweise zu erwarten ist, dass sie zu jedermanns Vorteil dienen, und (b) sie mit Positionen und Ämtern verbunden sind, die jedem offen stehen.
> Rawls [96], S. 81; das erste Prinzip wird dann ausführlich im Abschnitt 39, das zweite in Abschnitt 46 seines Buches diskutiert.

„Gerechtigkeit als Fairness" verstand. Schon einer der ersten Sätze seines Buches lautet: „Gerechtigkeit ist die erste Tugend sozialer Institutionen" (S. 19). Er hat dazu zwei Grundsätze formuliert, das Universal[42]- und das Differenzprinzip. In ihnen sieht er ein persönliches Freiheitsrecht einem gesellschaftlichen vorrangig (S. 336: „Vorrang der Freiheit"). Das Differenzprinzip besagt de facto: Eine Ungleichheit ist dann gerechtfertigt, wenn sie keinen schlechter stellt als vor Beginn einer Maßnahme.

Rawls begründet seine Theorie „kontraktualistisch": Hätten in einem Urzustand Menschen die Chance, ihre Gesellschaft nach Gerechtigkeitskriterien zu gründen, dann hätten sie sich aus Gründen des eigenen Ichs zu einem solchen Vertrag (Kontrakt) bereitgefunden. Und genau hieran setzt die Kritik der Kommunitaristen an, die ich voll inhaltlich teile: Unter diesen Aspekten ist die geforderte Fairness einem egoistischen Prinzip unterworfen, also gerade keinem Gebot der gegenseitigen Achtung entsprungen. Dennoch sind wirklich bemerkenswerte Aussagen Folgen dieser kontraktualistischen Grundhaltung Rawls: „Man kann es geradezu mora-

---

[42] Das erste Prinzip nennt Rawles auch „Prinzip der gleichen Freiheit" (s. 60)

lisch übelnehmen, dass man neidisch gemacht
wird, wenn nämlich die Gesellschaft so große
Ungleichheiten bei diesen Gütern zulässt, dass
das nur die Selbstachtung herabsetzen kann …
Ist der Neid eine Reaktion auf den Verlust der
Selbstachtung unter Umständen, unter denen es
vernünftig wäre, andere Gefühle zu erwarten,
dann nenne ich ihn entschuldbar" (S. 579).
In der Geschichte gab es bereits eine Gesellschaft, die nach dem Differenzprinzip gegrün-
det wurde, zumindest in den ersten Jahrhunderten: Es ist die *Serinissima*, die allererlauchteste
Republik Venedig.

Als nach der Völkerwanderung die Goten (452), Hunnen
(ab 455) und Langobarden (zwischen 568 und 639) immer wieder nach Norditalien vorstießen, gab es auch
entsprechende Fluchtbewegungen in die Laguna zwischen Aquileia (Grado) und Chioggia. Im Laufe der Zeit
kam es dort zu Siedlungsgründungen auf Inseln mitten im
Wasser. Allerdings mussten die Flächen dem Meer abge-
rungen werden, es mussten Fundamente in einer Gegend
ohne jedes Fundament gelegt werden. Zudem gab es
keinerlei Acker- oder Weideflächen. Und ein drittes: Die
Menschen war anfangs alle gleich, alle hatten auf ihrer
Flucht nur wenig mitnehmen können. Es gab keine vor-
bestehenden Rechts- oder Lehensverhältnisse. Ehemalige
Patrizier und ehemalige Sklaven waren rechtlich gleich.
Gemeinsam also schuf man das Fundament eines Stadt-
staates. Es galt nicht nur die Organisation der Stadt zu
klären, sondern auch die Versorgung zu gewährleisten

und die Entwicklung zu gestalten. Von 697 bis 1797 war diese Stadt unabhängig, länger als je eine andere Organisation dieser Art.

Venedig konnte wohl nur überleben, weil die Stadt es schaffte, bisher noch nicht erprobte Entscheidungsmechanismen und institutionalisierte Konfliktbewältigungsstrategien zu schaffen. Über allem stand das **Wir**: Wir können nur überleben, wenn wir gemeinsam für einander da sind.

Alle Formen des öffentlichen Lebens waren diesem Wir untergeordnet, jede Aufgabe und jeder Tätige wurden als gleich wichtig für die Stadt genommen. Sogar die Position des Stadtoberen, des Dogen, war einem strikten Regelwerk unterworfen (in manchen Jahrhunderten gab es 43 aufeinader folgende Wahlgänge und Auslosungen von Wahlmännern, um jede Beeinflussung zu unterbinden), eine Erbherrschaft war strikt ausgeschlossen, fast alle Wahlämter waren auf Zeit vergeben (Ausnahme: eben der Doge und die Prokoratorien).

Venedig lag zwar im Wasser, aber wie jedes Stück Brot oder jeder Stein musste auch Trinkwasser eingeführt werden. Dafür gab es **Wasserträger**, die nachts das Wasser aus den alpabwärts gerichteten Flüssen im Norden oder der Brenta im Süden der Lagune in großen Bottichen nach Venedig ruderten und in die Zisternen (die **pozzi**) gossen. Die Wasserträger waren für das Leben der Stadt unersetzlich wichtig, so wurden sie auch geehrt. Zu berücksichtigen ist: Jeder Einwohner Venedigs hatte das Recht auf 7 l Trinkwasser täglich! Verunfallte einer der Wasserträger im Dienst, gewährte die Stadt seiner Familie Unterstützung. Ähnlich wichtig waren Matrosen und Seeleute, auch für sie gab es Vergünstigungen, die Stadt baute Wohnungen für sie (eine Idee, die Jakob Fugger 400 Jahre später mit nach Augsburg nahm und noch heute dafür gefeiert wird). Seit dem zehnten Jahrhundert gab es Vertretungen von Arbeitern und Matrosen, **fraglie**, und solche von Handwerkern, **colleghi**. Es gab also ab dem zehnten Jahrhundert in Venedig staatlich gesicherte Gewerkschaften und Innungen! Die Innungen betätigten sich auch als Fortbildungsgemeinschaften, sie errichteten **scuole** sowohl für die Bildung als auch für das Gemeinschaftsleben. Neben sehr vielen kleineren gab es auch sechs **scuole grandi**, die bekanntesten sind die Gran Scuola San Rocco neben der Frari-Kirche und die Gran Scuola San Marco neben "Zanipolo" (Kirche 'Santi Giovanni e Paolo'). Seit spätestens 1460 gab es für die im Arsenal beschäftigen Arbeiter einen Mindestlohn, wahrscheinlich schon früher, denn in diesem Jahr wurde er mit 53 ½ Golddukaten im Jahr veranschlagt.

Die Grundstruktur der Stadt war die **communità**, die Gemeinschaft. Hierzu gehörten immer eine Zisterne für das lebensnotwendige Wasser auf einem frei zugänglichen Platz, dem **campo**, der auch früher tatsächlich „Feld" für Tiere und Anbau war, dann Marktplatz, Werkstätten, eine Trattoria und Wohnhäuser, bei 160 Kirchen in Venedig meist auch eine Kirche beinhaltete. Eine bis mehrere dieser Gemeinschaften bildeten eine Pfarrei (**Parochia** [in verschiedenen Schreibweisen] oder **Contrada**), die seit Beginn ihren Pfarrer selbst wählt, der Bischof muss den gewählten Pfarrer nur einsetzen, hatte aber nie und bis heute nicht ein eigenes Benennungsrecht. Zwischen acht und zwölf Contrade vereinigten sich zu einem der sechs Stadtbezirke Venedigs, den **Sestieri**.

Um das Wir zu stärken tat Venedig aber auch viel, was uns heute merkwürdig erscheint. Der Doge Girolamo **Priuli** sah in der ausufernden Prunksucht, mit der einige ihre Gondeln ausstatteten, ein dem Gemeinsinn widersprechendes Indiz. Seit Ausrufung des „Aufwandgesetzes" von 1562 müssen deshalb alle Gondeln einheitlich schwarz lackiert werden - und sind es bis heute. Den (im 16. Jahrhundert gezählten) über 11.000 Kurtisanen wurde eine wichtige Funktion angesichts vieler fremder Seeleute und Händler zuerkannt, deshalb standen unter dem Schutz des Staates. Fast alle *cortigiane* arbeiteten in einem öffentlichen *casino* (= Bordell, auch wenn heute oft anderes darunter verstanden wird) unter der Leitung einer *matrona*. Sie zahlten Steuern, hatten dafür aber Anspruch auf den Schutz und die Gesundheitsleistungen des Staates. Und es gab sogar ein „umgekehrtes Zweiklassenrecht": Adlige Rüpel, die Frauen belästigt hatten, erhielten sechs Monate Gefängnisstrafe, Männer aus anderen sozialen Schichten nur drei ([133], S. 177)

Insgesamt war in Venedig für die 1100 Jahre andauernde Selbstständigkeit, unabhängig von einem riesigen Besitzunterschied, alles auf das Gemeinwohl ausgerichtet, geschichtlich bedingt, aber immer als das Grundverständnis der Menschen. Venedig konnte also so lange überleben, weil es sich einer **Zielkongruenz aller Einwohner** verpflichtet fühlte und dieses für alle gemeinsame Ziel auch durchsetzen und erhalten konnte. Die Stadt lebte Gemeinschaft und nutzte gleichberechtigt alle Fähigkeiten der Einwohner: Alle waren wichtig, wussten das und erfuhren ähnliche Achtung!

Natürlich, das extra betonen zu müssen ist ja müßig, war die Republik Venedig kein demokratischer Musterstaat, wie wir ihn uns vorstellen. Ganz ohne Zweifel gab es viel Unrecht (die Verhaftung von Giordano Bruno und anschließende Auslieferung an den Papst 1592 war z.B. ein solches Verbrechen, denn jeder wusste, dass dem Mönch keinerlei faires Verfahren erwartete: Nach acht Jahren Verhör unter Folter wurde er [oder das, was es noch von ihm gab] schließlich im Februar 1600 in Rom lebendig verbrannt). Eines gab es aber auch: Die Fürsorge für alle. Venedig war ein Ständestaat, der die *popolani* aber nicht zum reinen Nutzen der *nobilhomini* und der *cittadiri* (Adel und Kaufleute) schuften ließ. Und hier irrt auch ganz gewaltig Sarah Wagenknecht, wenn sie meint, die Volksversammlung, an der Vertreter der Bevölkerung abstimmen konnten, sei alleine wegen der Gewinnsucht des Adels geschlossen worden ([126], S. 146). Die Vertreterversammlung platzte nämlich bald: Über 2.000 Delegierte sollten sich im Großen Saal zur Versammlung treffen - mehr als dreimal so viele wie im Bundestag, allerdings ohne Mikrofon, Kopierer oder Arbeitstische mit Netzanschluss. Die *serrata del maggior consiglio* („Schließung des großen Rats" als basisdemokratisches Instrument) wurde auch nicht eben mal kurz beschlossen, die Umsetzung begann 1297 (auf das Jahr genau sechs Jahrhunderte nach der Wahl des ersten Dogen und fünf Jahrhunderte vor dem Ende der Selbstständigkeit) und endete 1526 mit der Gründung des *libro d'oro dei matrimonio*, des goldenen Buches, in dem die Adeligen ihre Hochzeiten eintragen lassen mussten und damit erst Mitglied des *maggior consiglio* waren. 229 Jahre ist sicherlich ein Zeitraum, in dem Entscheidungen reifen können (vergl. [133], S. 167 ff). Aber diese Entscheidung hat primär nichts mit der Gewinnaufteilung zu tun, wie Sarah Wagenknecht argwöhnt. In der Verfassungsgeschichte Venedigs gab es viele langatmige Veränderung, alleine für die Verrechtlichung der *sapientes* („Weisen", beratendes und später den Dogen in den Exekutivbeschlüssen ersetzendes Gremiun [115]), venizianisiert zu *savi*, wird zwischen erstmaliger Erwähnung 1141 und Verfassungskonformität 1229 eine Spanne von über 80 Jahren gerechnet. (Literatur: [10], [76], [132], [133]).

Michael **Walzer** hat eine andere Auffassung von Gerechtigkeit. Auch er setzt als Grundsatz fest: Eine Gemeinschaft kann nur unter der Bedingung von Gerechtigkeit existieren. Diese Gerechtigkeit muss nicht zwanghaft überall in allen Bereichen akribisch verfolgt werden. Walzer meint, wenn in der Summe aller Güter Gerechtigkeit herrsche. Er nennt drei Distributionsprinzipien, nach denen eine Gemeinschaft funktioniere: Den freien Austausch, das Verdienst und das Bedürfnis ([117], S. 51 ff). Daraus folge, dass distributive Gerechtigkeit nicht in jeder einzelnen dieser Sphären herrschen müsse, aber in der Gesamtheit aller Sphären. Er selbst zeichnet diese Gerechtigkeitssphären auf: Zugehörigkeit, Wohlfahrt, Geld, Ämter, Freizeit u.a.m. Entscheide sich der eine, in einem Bereich mehr Nutzen oder Freude zu erlangen, könne er andere vernachlässigen, ohne dass die Gesamheit der Gerechtigkeit beeinträchtigt sei.
Diese Konstruktion ist natürlich charmant. Denn genau darum dreht sich auch die politische Entscheidung zur Verteilung: Wer braucht wann was? Ein Beispiel, wie Gerechtigkeit auch ungerecht werden kann: Die Familie hat drei Kinder, eines muss aus seiner Wohnung ausziehen und bittet seine nicht unwohlhabenden Eltern um finanzielle Hilfe beim Hauskauf. Die

Eltern erkennen die Situation, lehnen den Wunsch aber ab, da sie nicht über die Mittel verfügten, auch den beiden anderen die gleiche Summe vorzustrecken, denn sonst wäre es ungerecht. Da die anderen Kinder derzeit das Geld nicht nötig haben, wird diese Haltung ungerecht, obwohl sie genau anders intendiert ist.

In der politischen Situation wird Gerechtigkeit gelegentlich auch ungerecht empfunden: Einmal in bekanntem Maße im Bereich der Justiz („Kopf ab" oder „Schwanz ab" sind die beliebtesten geforderten Strafen an den Stammtischen der Ehrenmänner), wo Gerechtigkeit oft als nicht fair empfunden wird, und zum anderen sehr oft im Bereich der sozialen Sicherung: „Wieso schleppt der ‚Hartzer' gerade einen neuen Flachbildschirm nach Hause, auf den ich schon so lange verzichten muss?"

Gerechtigkeit und Ausbeutung schließen sich gegenseitig aus, jede Form von Ausbeutung ist ungerecht. Wenn jemand eine freie, unbeeinflusste Entscheidung für einen bestimmten Lebensstil trifft, so kann er nicht die daraus resultierenden Kosten auf andere abwälzen, ohne dass die das für ungerecht empfinden. Deshalb gibt es häufig heftige Spannungen.

Ein Fall aus meinem Berufsalltag. Ein jetzt 63-jähriger Maurer hat eine Erwerbsminderungsrente beantragt und sie wegen seines Gesundheitszustands (völlig desolate

Wirbelsäule und andere Gelenke) auch bewilligt bekommen. Er staunt nicht schlecht, wie wenig er ausgezahlt bekommen soll, „dabei habe ich doch mein ganzes Leben gearbeitet." Er bittet um ein Attest, demzufolge er doch noch viel kranker sei als angenommen. Das Problem: Vor 40 Jahren hat ihm sein Arbeitgeber ein Geschäft vorgeschlagen, nach dem er ihn offiziell halbtags einstellen würde, dann sparten beide an Sozialabgaben, den Rest würde er ihm *BAT* auszahlen: bar auf Tatze, also Schwarzarbeit finanzieren. Das ging knapp 30 Jahre so bis zu einem Arbeitsplatzwechsel. Dass der Maurer noch weiterhin erheblich schwarz gearbeitet hat und sich damit jährlich drei Urlaube finanzierte, sei noch dazu erwähnt.
Jetzt muss er mit einer Mikrorente auskommen, bis auf ein selbst gebautes Haus stehen seiner Frau und ihm auch keinerlei Ressourcen zur Verfügung.
Ist die Gesellschaft jetzt verpflichtet, ihm durch Aufstockungen einen anderen, nämlich seinen gewohnten Lebensstandard zu finanzieren?

Er fühlt sich subjektiv ungerecht behandelt. Wenn Gerechtigkei bedeutet, dass unsere Zusammenarbeit allen zum Vorteil gereicht, die Grundsätze zur Gerechtigkeit von allen geteilt werden und sie auf dem gesellschaftlichen Pluralismus fußt, dann wird dieser Mann es schwer haben, seine Position zu verteidigen.
Auch dieser Punkt passt in den Bereich Verteilung. Gesellschaftliches Gut muss nach Kriterien verteilt werden, die anerkannt sind und auf dem gesellschaftlichen Konsens basieren.

Grundlegende Güter müssen so verteilt werden, dass zum einen jeder einen Vorteil hat und niemand benachteiligt wird, zum anderen müssen sie nach einem Gerechtigkeitsbild verteilt werden, dass allgemein anerkannt ist.

Die Verlagerung von gesellschaftlichen Aufgaben in Gebiete, die direkt damit nichts zu tun haben, ist demzufolge ungerecht. So war die Kostenverschiebung der Einheit von BRD und DDR in die Sozialkassen natürlich ungerecht, denn eine gesamtgesellschaftliche, von allen zu meisternde Aufgabe wurde an eine Gruppe, nämlich die Beitragszahler delegiert. Zudem war es auch eine Form der zumindest verbal bei Konservativen eher ansonsten weniger beliebten Enteignung: Die Sozialversicherungssysteme wurden von den Beitragszahlern aufgebaut, sie sind also nach Robert Castel **Sozialeigentum** [21] und damit im Grunde nicht frei zur Disposition für andere Zwecke. Ähnlich ist es ungerecht, unterschiedliche Sozialversicherungs- und -leistungssysteme zu führen. Es gibt überhaupt keinen hinreichenden Grund, in einer Gesellschaft, die sich der Solidarität untereinander verpflichtet weiß, diese Solidarität unterschiedlich zu gewichten und dafür unterschiedliche Sozialsicherungssysteme einzurichten. Referentielle Gründe, die gerne vor und

auch von Ärztinnen und Ärzte angeführt werden, denen zufolge viele Ärztinnen und Ärzte durch die Privatversicherten erst ihr Auskommen hätten, können ja nun wirklich nicht als ernsthaft gewertet werden. Und auch juristische Gründe, nach denen die privaten Krankenversicherten de facto ein Existenzrecht hätten, können überhaupt kein Hindernis sein. Diese Argumente gegen eine Bürgerversicherung für alle sind erkennbar Ausflüchte gegen eine alle umfassende Solidarität. Sie sind in meinen Augen nicht weiter ernsthaft zu verfolgen.
Verteilung gesamtgesellschaftlich erwirtschafteter Güter ist ein Projekt der Gerechtigkeit. Hierzu gehören Steuerungsinstrumente, die diesem Ziel direk näher kommen und nicht auf die Ableistung von Umwegen hoffen (z.B. niederige Spitzensteuersätze in der Hoffnung, die so Begünstigten würden schon investieren und damit einen Teil der gesellschaftlichen Vorleistung zurückgeben).

4.4. Patriotismus und Heimat

Im Sog des Wiedererstarkens der chauvinistischen Bewegungen wird oft auch wieder gesteigerter Patriotismus gefordert. Der hatte ja nun in Deutschland bis 2006 einen insgesamt schlechten Ruf: Patriotismus wurde in Deutschland so oft missverstanden als Chauvinismus, als Überheblichkeit anderen Völkern gegenüber: Am deutschen Wesen soll die Welt genesen. Diese Haltung hat zu millionenfachem Tod geführt. Und nicht nur in Deutschland. Dass jemand wie Generalleutnant Dietrich Lothar von Throtha Oberkommandierender in Deutsch-Südwestafrika werden konnte und damit einen um Verständigung bemühten Gouverneur Theodor Leutwein ablöste, ist eines der dunkelsten Kapitel der deutschen Geschichte: Seinem unmenschlichem und gnadenlosen Wirken ist der Völkermord an den Herero und Nama geschuldet. Später, 2006 mit dem „Sommermärchen", der Fußballweltmeisterschaft in Deutschland (wir haben u.a. durch das „Lottogeschäft" zugunsten des „Kaisers" erfahren, dass die Vergabe nach den gleichen, zweifellos hoch ehrbaren Kriterien wie die Vergabe des Fußballweltmeisterschaftsturniers nach Katar oder der Vergabe der Winterolympiade ins Sommerbad Sotschi erfolgt sei. Es ist nach der Ablösung des FIFA-Chefermittlers Cornel Boberly und des Vorsitzender der FIFA-Ethik-Kommission Hans-Joachim Eckert auch zu erwarten, dass sich weiterhin liebevoll schützende Dunkelheit über die wirklichen Hintergründe der zutiefst irritierenden WM-Vergaben gesenkt hält), änderte sich diese Haltung. Niemand mehr fand es albern oder sogar peinlich, in Autos herzumzufahren, deren Außenspiegel mit einem schwarz-rotgelben kondomartigen Überzug malträtiert wurden, oder mit einer Atze-Schröder-Perücken-Parodie in den Farben der Deutschland-Trikolore herumzuhuschen, unter der eine schwarz-rot-gelbe Tarnanstrichimitation Staunen über die Verwandlung der Jochbeinbögen erregte. Das galt jedoch als Ausdruck eher der Freude über die Lieblingsmannschaft DFB-Auswahl (auch ich trage ja auf dem Platz meiner Dauerkarte im Weser-Stadion einen grün-weißen Werder-Schal). Grundsätzlicher wird es, wenn dann von politischer Seite ein Bekenntnis zum Patriotismus gegenüber Deutschland gefordert wird.

Kann ich mich dem anschließen?

Nein, auf gar keinen Fall! Nie im Leben!

Was habe ich denn mit Pegida-Leuten zu tun, zumindest mehr zu tun als mit meinen FreundInnen Gennaro und Sabah, meinen Kollegen Cem und Claudio oder meinen GenossInnen Fitore und Tefvik? Was verbindet denn mich mit jenen Menschen, die mehr Patriotismus fordern? Ein gemeinsames Geburtsland kann es

nicht sein, denn das weisen viele meiner nicht-
deutschen Freunde auch auf. Die deutsche
Sprache? Mal ehrlich, lese ich die Kommentare
in den sozialen Medien frage ich mich schon,
wer hier besseres Deutsch spricht (Fitore sollte
besser „Deutschgrundkenntnisse für Pegida-
Leute" statt „Deutsch als Fremdsprache" unter-
richten).
Es wird auf die gemeinsame Kultur, auf die
gemeinsame Zivilisation, auf das christliche
Abendland verwiesen.
Und jetzt wird es doch wirklich interessant.
Christliches Abendland - wofür steht dieser
Ausdruck? Offensichtlich sehen viele im Christentum eher so etwas wie ein folkloristisches
Ritual, ganz deutlich zur Schau getragen nach
dem sogenannten Kreuzurteil in Bayern, nach
dem in staatlichen Schulen ein Kreuz nicht
zwingend hängen durfte. Da hörten wir auch
Äußerungen wie „Das Kreuz gehört zu Bayern!" Es geht hierbei erkennbar also eher um
ein Schmuckstück, vergleichbar Kunst am Bau.
Was bedeutet denn christliches Abendland für
uns heutzutage? Übernehmen wir damit in unsere Patriotismusschwärmerei für eben dieses
christliche Abendland auch die Gewissens-
schuld für die schweren Verbrechen der Kirchen wie die Kreuzzüge, die Judenprogrome,

den Kindsraub mit anschließender Zwangstaufe, die Hexenverbrennungen, die Inquisition? Ist das damit gemeint?

Wenn das so erwogen sein sollte, dann finden diejenigen, die heute ein christliches Abendland fordern, wohl noch nicht einmal bei Kirchenvertretern Unterstützung. Denn diese Verbrechen sind längst als solche entdeckt und können kaum als erhaltenswerte Tradition oder gar als nachahmenswerte Tugend gewertet werden[43].

Also Christentum als Monstranz, ohne Inhalt? Das christliche Abendland als Abbild einer im Licht der milden Abendsonne unten im Tal inmitten eines sauberen teutschen Dorfes hinter einem teutschen Eichenwalde ruhende weiß gekalkte Kirche, deren beruhigend dumpfe Glockenschläge mit dem treusorgenden Gebell wachsamer teutscher Schäferhunde einen Kanon spielen?

Nein danke, das ist mit Sicherheit nicht der Inhalt der christlichen Werte. Wissen diese Leute recht eigentlich, wovon sie überhaupt reden?

---

[43] Karlheinz Deschner hat sein Leben der Aufklärung dieser Verbrechen gewidmet, vergleiche seine zehnbändige (!) „Kriminalgeschichte des Christentum", Rowohlt-Verlag, Reinbek, ab 1986. Über 5.000 Seiten Bericht über Mord und Totschlag im Namen Christi...

Gehen wir zum Kern des Christentums und sehen wir, was Jesus selbst gesagt hat, nicht durch
Enzykliken oder Diözesan-Entscheidungen verändert. Die katholische Kirche setzte noch eine
Steigerung ihrer Glaubensinhalte durch. Während die Reformation die Formeln *sola scriptu-
ra - sola fide - sola gratia* (Glaubenswirksam
sind nur die Schrift, der Glaube und die Gnade)
durchsetzte, erkennt die katholische Kirche als
genauso verbindlich Tradition und Auslegung:
Die Auslegung ist durch die Überlieferung genau so wichtig. Das führt dazu, wie es in einem
von der Überschrift her leicht irritierenden Aufsatz heißt: „Vom Lehramt zur Heiligen Schrift"
[72]. Mit anderen Worten: Der Papst legt die
Glaubensinhalte fest, auch wenn sie nicht in der
Bibel zu belegen sind.
Wie oben (S. 82) beschrieben, wurde Jesus be-
fragt, was er denn für das höchste Gebot halte.
„Und siehe, da stand ein Schriftgelehrter auf,
versuchte ihn und sprach: Meister, was muss
ich tun, dass ich das ewige Leben ererbe? Er
aber sprach zu ihm: Was steht im Gesetz geschrieben? Wie liesest du? Er antwortete und
sprach: ‚Du sollst Gott, deinen Herrn, lieben
von ganzem Herzen, von ganzer Seele, von allen Kräften und von ganzem Gemüte und deinen Nächsten wie dich selbst.' Er aber sprach

zu ihm: Du hast recht geantwortet: tue das, so wirst du leben." Das ist die Version des Lukas-Evangeliums (10, 25-27), dem sofort das Gleichnis des barmherzigen Samariters folgt mit den einleitenden Sätzen: „Er aber wollte sich selbst rechtfertigen und sprach zu Jesus: Wer ist denn mein Nächster?" Und der Schluss-satz nach der Samariter-Episode als beispielhaf-te Darstellung dessen, was ein Nächster sei, lautet dann: „Welcher dünkt dich, der unter die-sen dreien der Nächste sei gewesen dem, der unter die Räuber gefallen war? Er sprach: Der die Barmherzigkeit an ihm tat. Da sprach Jesus zu ihm: So gehe hin und tue desgleichen!" (Lk 10, 37).

Das Christentum zeichnet sich also mit dem Hauptgebot aus, seinen Nächsten zu lieben wie sich selbst. Tue Barmherzigkeit dem, der unter die Räuber fiel. So gehe hin und tue desglei-chen! Hilf dem Verfolgten und Verletzten! Das Christentum ist ursprünglich eine Religion der Liebe, der Hilfe und der Annahme von Frem-den. Wer die Ethik des christlichen Abendlan-des fordert, will sich gerade bewusst um Ver-folgte, Verletzte und Hilflose, der sich will ge-

rade um Flüchtlinge kümmern. Und sie nicht
zum Teufel jagen[44].

Oder er weiß nicht, was er da redet.

Die AfD-Variante der Bibel-Auslegung belus-
tigt schon: Auf dem Kirchentag von Berlin
2017 vertrat die Sprecherin der Gruppe „Christen in der AfD", Anette Schultner, die These,
„der Nächste" im christlichen Sinne bedeute
nicht „jeder". Da entglitten nich nur Landsbi-
schof Martin Dröge die Gesichtszüge (man sah
ihm Hiob 19, 2[45] an). Zum einen hat gerade der
Samariter den Nächsten, den er nicht kannte
und nie vorher gesehen hat, gerettet, zum anderen ist jeder Mensch als Gottes Ebenbild der
Nächste.

Und jetzt im Vergleich das Geschrei der christ-
lich-abendländischen Typen, die über Flüchtlinge verbal und physisch herfallen, die für sich
reklamieren, das Volk, ja eben das christlich-
abendländische treue deutsche Volk zu sein.

---

[44] Im Jakobus-Brief dazu: „Wenn aber ein Bruder
oder eine Schwester bloß wäre und Mangel hätte an der
täglichen Nahrung und jemand unter euch spräche zu
ihnen: Gehet hin in Frieden! Wärmet euch und sättiget
euch! ihr gäbet ihnen aber nicht, was dem Leibe not ist,
was hülfe ihnen das? So auch der Glaube, wenn er nicht
Werke hat, ist er tot in sich selber." (Jak., 2, 15-17)
[45] *Wie lange plagt ihr doch meine Seele und peinigt
mich mit Worten.*

Gerade über die Menschen gewaltsam einzufallen, die Jesus als unsere Nächsten bezeichnet hat, und dann christliche Werte für sich zu beanspruchen. Welch ein Hohn! Jedes durchgetrocknete Efeublatt hat mehr Hirn als diese Krakeeler. Oder aber schwarzuniformiert in einen Supermarkt einzulaufen, zu dritt (unter anderem ein CDU-Ratsherr dabei) einen psychisch Kranken aus dem Irak zu misshandeln und mit Kabelbindern an einen Baum zu pressen, um dann später wehrhaft-mannhaft zu bekennen, man habe Zivilcourage gezeigt. Zivilcourage! Ja, das haben sie mit Blick auf wehrhaftes Deutschtum wirklich gesagt. Überfall und Misshandlung als Zivilcourage! Welch eine wundervolle christlich-abendländische Tat! Ein beispielhaftes Werk deutschen Tuns! Genauso christlich wie der deutsche christlich-abendländische Völkermord des Lothar von Trotta und seines Kaisers. Ein Freund im Geiste.

Die christliche Botschaft zur Nächstenliebe: **Tue desgleichen**! verstehen diese Leute überhaupt nicht. Für sie ist augenscheinlich Christentum immer noch deckungsgleich mit den Mordprozessionen der Kreuzzüge, da hätten sie sich wohl richtig gut gefühlt. Draufhauen, totschlagen, lebendig verbrennen – das wäre wahrscheinlich ihr Ding gewesen. Und wie man an brennenden Flüchtlingsheimen sieht: ist es auch noch!

Tue desgleichen! Und um das zu unterstützen, wollen die Meinungstrittbrettfahrer um Seehofer bevorzugt Verfolgte aus dem christlichen Kulturkreis aufnehmen. Wie wundervoll, aber eben auch völlig falsch dieses Verständnis des wahren Christentums. Denn der biblische Samariter war keiner von *innen*, denn von innen kamen die Räuber, also übertragen gesehen gerade die Kumpels von Seehofer und seinesgleichen. Würden die bayerischen, ungarischen und polnischen Regierenden nur Christen aufnehmen, hätten Maria und Joseph in deren Landen überhaupt nie die Chance, in einer bayerischen, ungarischen oder polnischen Krippe Jesus zur Welt zu bringen, Maria wäre vor Bayerns, Ungarns oder Polens Grenze nach 2.000 Jahren heute noch schwanger. Hätten wir bayerische, ungarische oder polnische Gesetze schon zu Zeiten der Römer gehabt, hätten wir wohl nirgends die Geburt Jesu erleben können. Wahrscheinlich wären seine Eltern als Flüchtlinge weggejagt worden. Wie die Flüchtlinge, die in Eiseskälte vor der ungarischen Grenze ausharren müssen, weil diese Christen dort das

Primärgebot Jesu nicht kennen: Liebe. Liebe zum Nächsten.

Also dieser Patriotismus, der durch Pegida und AfD der Lächerlichkeit preisgegeben und richtiggehend pervertiert wurde, kann als Wert nichts mehr taugen. Die Schreier und Schläger haben ihn zertreten und zerstört. Die Deutschen, die so denken, sind mit Sicherheit nicht das Volk, ganz bestimmt jedoch sind sie nicht chistlich.

Es kann vielleicht, unterstellen wir den Rettern des Abendlandes einmal diese Überlegungen, unter Christentum etwas verstanden werden, was durch die Arbeit Pauls entstanden ist. Das Lukas-Evangelium kennt viele Gleichnisse, z.B. das des verlorenen Sohnes (Lk 15, 11-32). Jesus kannte keine *Sühneopfer*, so wie Paulus seinen Kreuzestod interpretiert. Im Gleichnis des verlorenen Sohns nimmt der Vater seinen „verlorenen" Sohn ohne jede Sühne wieder auf, er gibt ihm sogar ein Fest. Im Gleichnis der verlorenen Münze (Lk 15, 8-10) wird er sogar noch deutlicher: Hiernach wird niemand verloren gegeben, bis er gefunden wurde. Anders dazu die Lehren des Paulus. Er, der Jesus selbst nie gesehen hatte, interpretiert ihn nun so, dass wir von einer eigenen *paulinischen Christusinterpretation* sprechen. Paulus kennt keine Gleichnisse, keine Bergpredigt, eigentlich kommt Paulus sehr gut ohne Jesus aus. Dennoch versteigt er sich in seinem Brief an die Galater den Gemeinden Galatiens zu drohen: „Wer euch ein anderes Evangelium verkündet als ihr angenommen habt, der sei verflucht" (Gal 1,9). Hier wird erstmals die kirchliche Deutungshoheit eingenom-

182

men: Anderes als was ich, Paulus (= die Kirche), sage, hat keine Gültigkeit. Und so ist aus dem Wanderprediger Jesus schon nach kurzer Zeit der *Pantokrator*, der Allherrscher, geworden, der in goldgewirkten Gewändern von den Apsisen byzantinischer Kirchen unnahbar starr und tadelnd hinunter zu den Gläubigen schaut und äußerlich keinen Unterschied zum Kaiser erkennen lässt.
Diese Form des Christentums mögen die ein christliches Abendland fordernden Okzidentretter meinen, es ist eines der Unterdrückung anderer, der strengen Gehorsam befehlenden Obrigkeit. Der goldbehangene *Christos pantokrator* ist aber nicht der Liebe lehrende Wanderprediger Jesus, für den seine löcherigen Latschen symbolhaft geworden sind.

Aber dennoch: Ich fühle mich alles in allem sehr wohl in meinem Land, die hier arbeitenden Menschen jeder Abstammug haben mir durch ihre Steuern die Möglichkeit gegeben, ein Studium zu Ende bringen und durch die Institution Universität vom gesamten Reichtum der weltweiten Bildung zu schöpfen, ich lebe in einer Gegend, die ich gerne mag, mit Menschen, mit denen ich gerne zusammen bin, ich bin einer Sprachumwelt aufgewachsen, die mir Spaß macht und mit der ich mehr beschreiben kann als „Ey, Alda, gehstu Bahnhoff?", es gibt für mich Möglichkeiten der Partizipation, ich kann mich durch meine Steuern, meine Rentenzahlungen und Krankenkassenbeiträge in einem historisch nie da gewesenen Umfang sicher vor Krankheit und Armut fühlen, ich habe auch die Möglichkeiten, die Defizite, die ich eindeutig in einigen Bereichen wie dem der sozialen Sicherung sehe, demokratisch und nachvollziehbar verändern zu helfen. Alles in allem: Sicherlich würden sofort mindestens 8,5 Mrd. Menschen mit mir tauschen wollen, wenn es in ihren Möglichkeiten stünde.

Dies alles verdanke ich denjenigen, die lange vor mir eine Verfassung ausgearbeitet haben, die den Rahmen für meine Freiheit beschreibt. Ja, ich sage deutlich: Die Möglichkeit für meine persönliche Entwicklung gibt mir die Verfassung. Ein Land, in dem diese Verfassung gilt, in dem der Hungrige nicht verhungert oder der Fliehende aufgenommen wird, in dem für alle nach gleichen Maßstäben gesorgt wird, ist das Land, für das ich patriotische Gefühle empfinde. Nach den Formulierungen von Dolf Sternberger [119] bin ich **Verfassungspatriot**. Und für mich ist diese Verfassung ein Grund, sie auch aktiv zu verteidigen. Ein Land, das eine solche Verfassung verteidigt und ausbaut, ist das Vaterland, auf das ich stolz bin. Das ist allerdings ein Patriotismus, der mit den dumpfbackigen Parolen der Leute vor dem Lastwagenanhänger mit dem dauerschimpfenden Dresdner

vorbestraften Serieneinbrecher obendrauf, der
jetzt ins Ausland (!!) nach Teneriffa gezogen
ist[46], nichts zu tun hat. Gar nichts!

Im selben Band seiner Schriften beschäftigt sich
Sternberger übrigens mit dem „Hass im Staats-
leben" (S. 81 ff). Dort schrieb er über die Auseinandersetzungen zu Zeiten der Weimarer Republik: „Die Leidenschaft, mit der man seinen
Hassgefühlen Ausdruck gab, wurde zum Maßstab des politischen Interesses". Diesen Aufsatz
schrieb Sternberger 1959!

Als wahrhafter Patriotismus kann also nicht ein
„Deutschland, Deutschland über alles!" gelten,
sondern er kann nur eine Haltung sein, in die
unsere Tradition und unsere Grundwerte einfließen. Und weshalb sollte ich bei bestimmten
Veranstaltungen ein Lied mitsingen, das Kon-
rad Adenauer in einsamer Entscheidung per
Brief an Theodor Heuß als Hymne anordnete,
das aber in meinen Augen durch seine Geschichte völlig ungeeignet ist, ein friedliches,
demokratisches Deutschland zu symbolisieren?
Ich schweige und singe nicht. Auf gar keinen
Fall! Ich höre aber Beethoven und Schiller zu
bestimmten Anlässen sehr gerne: Alle Men-

---

[46] Wo das Regionalparlament ihn zur *persona non
grata*, zur unerwünschten Person, erklärt hat.

schen werden Brüder[47]. Diese Hymne singe ich gerne mit[48].

Das ist dann schon eher ein europäischer Patriotismus, denn diese Werte gelten glücklicherweise in allen Ländern der Europäischen Union, zumindest formell. Und zu fragen ist in der Tat, was einen Friesen mehr mit einem Bayern als mit einem Holländer[49] verbinden sollte. Es sind schon sehr große regionale Unterschiede, die uns in einem einzigen Land manche Speise oder manche Dialekte sehr fremd erscheinen lassen. Die südlichen Rituale, bei der Männer erst aus merkwürdig geformten Gläsern ein trübes Bier (oder doch eher etliche davon) trinken und sich anschließend auf die Schuhsohlen und auf die

---

[47] Ursprünglich hatte Schiller geschrieben: Bettler werden Fürstenbrüder. Der Text der 1. Strophe wurde posthum 1808 etwas geändert.

[48] Zum Nachahmen: Aus Nürnberg https//www. youtube.com/watch?v=a23945btJYw oder aus Leipzig https://www.youtube.com/watch?v=ZxUmq2tOQ2Q

[49] Gut, förmlich richtig wäre, es „Niederländer" zu sagen. Wenn man sich aber überlegt, dass für Italiener oder Britinnen Deutschland nur als Norden („Germanien" oder Germania und Germany) und für eine Französin oder einen Spanier nur der Westen („Alemanien" oder Allemagne und Alemania) gelten, wollen wir nicht so kleinlich sein. Wir wissen ja, was gemeint ist.

Backen hauen, muten mich als Nordländer doch sehr fremd an. Diese Fremdheit gilt aber nicht nur in Deutschland so, das erleben wir in eigentlich allen größeren Staaten (in Italien, so sagen es die Norditaliener, fängt hinter Rom gleich Arabien an, ausgezeichnet und humorig nachzulesen im Philosophie-Roman „Also sprach Bellavista" von Luciano de Crescenzo [24], einem in Rom lebenden Neapolitaner. Ähnliches gilt für Frankreich, da sei es im Norden so kalt, dass jedem die Zehen abfrören und man dort auch nicht richtig sprechen könne, liebevoll inszeniert im Film „Willkommen bei den Sch'tis" von Claude Berri und Jerome Seydoux). Gehen wir also von einem Verständnis des Verfassungspatriotismus aus, einer Liebe für ein Land, das uns freiheitliche Rechte und soziale Sicherungen garantiert, so kann es nur ein europäischer Patriotismus sein. Gleichzeitig aber leben wir in einer bestimmten Region mit uns vertrauten und liebgewordenen Eigenheiten, mit uns vertrauten Gewohnheiten und unserem Lieblingsessen, mit für unser seelisches Gleichgewicht notwendigen Küsten, Bergen oder Wäldern, mit einem Wohlbefinden, auch mit leichter Ironie für die Schwächen der dort lebenden Menschen – dann entflammen wir für ein **Europa der Regionen** – analog den größeren Kommunen ohne Landkreise. Bis auf ziemlich nervige „Hools" oder „Ultras" gibt es in einem Europa der Regionen auch keinen Chauvinismus: Die Liebeslieder, die die Kölner an ihre Stadt singen, entsprechen vom Gefühl her genau der ruhigen Art, die wir norddeutschen Hanseaten beim Betrachten unserer Flüsse empfinden: Da sind wir zu Hause und fühlen uns gut. Ich verstehe die Leidenschaft einer Venezianerin für ihre Stadt, für die Geschichte und das aktuelle Leben erheblich besser als das gebrummte Genöhle, wer Deutschland nicht liebe, solle hier verschwinden. Und ich kann genauer einem Einwohner Seydisfjördurs nachfühlen, der nach Osten den Blick ins offene Meer und nach Nordwesten den auf ein Gebirge gewohnt ist und liebt (auch wenn ich den Namen seiner Stadt auf meinem Notebook noch nicht einmal richtig tippen kann), als dem deutschen Politpolterer, der unbedingt für seine szenegerechten Auftritte im Fernsehen eine Deutschlandflagge über seine Stuhllehne ausbreiten zu müssen glaubt, wahrscheinich um den armen Sessel nicht mit seiner beleidigenden Gegenwart zu verätzen. Klarer wäre es doch aber, dieser hessische Ex-Lehrer aus Thüringen legte sich für seine mediengeilen Inszenierungen auch eine jener Locken-Perücken in belgischen oder deutschen Nationalfarben zu.

Wir brauchen ein Europa ohne Nationen - die es überhaupt auch nicht gibt. Was ist das „deutsche Volk"? Gibt es eine „englische Nation"? Natürlich nicht. Ganz im Gegenteil, durch den Brexit wird eine gesamte Region wie Schottland zu einem Wandel gepresst, den die Menschen dort überhaupt nicht wollten. Und Niklas Luhmann meint dazu: „Wie schon im 18. Jahrhundert ist das Volk nur ein Konstrukt, mit dem die politische Theorie Geschlossenhet erreicht. Oder anders: wer würde es merken, wenn es gar kein Volk gäbe?" ([73], S. 366).

Es muss aber auch Kritik geübt werden. Leider hat sich unser Europa völlig dem wirtschaftspolitischen Kalkül des Neoliberalismus unterjocht. Was wir bei der Krise um und in Griechenland sehen, kann nicht einem linken Menschenbild entsprechen. Um nicht drum herumzureden: Natürlich gibt es auch Sozialbetrug, die „Insel der Scheinblinden", Kalymnos, ist legendär. Auch dass für längst Verstorbene von den Angehörigen weiter Rente empfangen wurde, ist glatter Betrug. Die Summe aller Sozialbetrugsdelikte ist sicherlich immens, sie ist ungeheuerlich hoch und schadet der Gesellschaft insgesamt enorm.

Und doch muss man sich fragen: Ist es überhaupt logisch, abgesehen davon, ob es auch gerecht ist, dem ganzen Land einen solch hohen Sparkurs aufzuzwingen, dass die wirtschaftliche Prosperität auf Jahre geschädigt wird? Die „Troika" aus Vertretern von Europäischer Union, Europäischer Zentralbank und Internationalem Währungsfond (mittlerweile „Quadriga" mit dem Europäischen Stabilitätsmechanismus als neuem Partner) listet Forderungen nach Forderungen auf, die bisher zu überhaupt keinem Ergebnis geführt haben - außer zu weiterer Depression, zu Jugendarbeitslosigkeit und genereller Armut. Und das überall, wo dieseTruppe ihr Verwüstungswerk angerichtet hat. Die Mindestlöhne wurden in den von der Troika gebrandschatzten Ländern gesenkt, ja die gesamte Tarifsystematik der Länder zerstört, obwohl das überhaupt nicht im Verhandlungsauftrag der Troika stand, im Gegenteil: Artikel 153 der EU-Verfassung sieht ausdrücklich vor, dass die EU nicht für das Arbeitsentgelt der einzelnen Länder zuständig ist. Damit haben die Vertreter der EU eigentlich Verfassungsbruch begangen. Insbesondere Poul Thomsen, Leiter der IWF-Delegation und damit rechtlich nur Beobachter, forderte immer wieder erhebliche soziale Einschnitte, in Griechenland sollten 15.000 Angestellte des öffentlichen Dienstes entlassen werden, 4.000 davon sofort und auf der Stelle. Das hatte aber zur Folge, dass auch die Finanzämter nicht mehr funktionierten und die Steuereinnahmen wegbrachen. Wenn verbohrte Ideologen nie von ihrer Überzeugung absehen, weil die ja richtig ist, Realität hin, Realität her, haben wir katastrophale Entwicklungen, die nicht nur das Leben der jetzigen Menschen zu einer Qual werden lassen, sondern auch die Zukunft der meisten gleich mit zerstören. Vielleicht sollte man diesen übelsten Ideologen, dem schon erwähnten Poul Thomsen oder Wolfgang Schäuble, ausnahmsweise doch etwas Verständnis zutrauen, dann nämlich könnte man ihnen ein Buch schenken: „Das Kleid meiner Mutter" von Anna Katharina Hahn [50]. In ihm wird beeindruckend und gleichzeitig bedrückend die Situation von Jugendlichen in Spanien geschildert, einem dieser „Schweine-Länder", in dem die Jugendarbeitslosigkeit über 25 % beträgt. Unerträglich nämlich, dass, bewusst oder zufällig, zynisch auf jeden Fall, die sogenannten südlichen „Sorgenländer", Portugal, Italien, Griechenland und Spanien im neo-

liberalen Sprachgebrauch als *PIGS* zusammengefasst werden.

Ein Europa, das sich nur auf den Neoliberalismus mit seinen sozialzerstörenden Forderungen
stützt, ist nicht das Europa, das uns Vorbild sein
kann (vergl. Ulrich v. Alemann u.a. [2]). Die
Idee Europas ist das nachnationale Europa. Na-
tionale Interessen gibt es in diesem Europa
nicht. Und wir brauchen sie auch nicht. Und
genau diese Erkenntnis war die Grundidee, die
zur Gründung der Montanunion, der EWG, der
EG und nun der EU geführt hat. Im Interesse
der Wirtschaft lag Europa damals nicht. Die
hatte nach dem Krieg einen unahnbaren Auf-
schwung erlebt. Die nationalen Wirtschaften
boomten, mehr war im Moment ohnehin nicht
zu stemmen: Die Aufträge konnten noch nicht
einmal alle abgearbeitet werden. Dennoch gab
es bald die Idee von Europa. Aus gutem Grund:
Die Ursache für die bisherigen Kriege war der
Nationalismus. Die Aufhebung des Nationalismus war die friedenssichernde Idee schlechthin.
Mittlerweile bewegen wir uns aber wieder ausschließlich in ökonomischen Bahnen, in rein
neoliberal-ökonomischen Bahnen. „Stellen Sie
sich vor, der französische Präsident würde am
14. Juli eine Rede halten, in der er versichert:
‚Wir werden auch in Zukunft die Ideale der

Französischen Revolution hochhalten: Freiheit der Finanzmärkte, Gleichheit der Ware Arbeitskraft und Brüderlichkeit bei den Preisabsprachen!' – Wären die Zeitungen nicht voll mit Kommentaren und Kritik an der Verballhornung großer historischer Ideen?" Das fragt völlig zu Recht in seiner Dankesrede für den Donauland-Sachbuchpreis 2012 Robert Menasse ([80], S. 65 f).

Es ist überhaupt nicht einzusehen, dass ein Arbeiter in Bochum seinen Arbeitsplatz verlor, weil sein Unternehmen nach Cluj umzog, gefördert durch Gelder der EU (von dort zog das Unternehmen, Nokia, dann auch bald weiter nach China, heute ist es pleite). Wir haben eine transnationale europäische Wertschöpfungskette, die aber nur die Unternehmen fördert, von den Arbeiterinnen und Arbeitern wird ausschießlich Flexibilität gefordert. Die Troika agiert antieuropäisch, weil sie auf Mentalitäten und auch regionale Kulturen nicht nur keine Rücksicht nimmt, sondern sie sogar zu zerstören in Kauf nimmt. Dies begünstigt eine Europa-kritische Haltung: Was haben denn Menschen von Europa, das uns nur als Schreckgespenst entgegen tritt? Das Geheule der Leute, die von EU-Sklaverei und ähnlich hirnlosem Zeug sprechen, wollen wir mal da lassen, wohin es gehört – in die Kloake der Politdiskussionen. Es ist in der Tat einfach, amüsiert die Anzahl der Worte der zehn Gebote (81, evangelischer Wortlaut) mit der der europäischen Karamellbonbonherstellungsverordnung (>20.000) zu vergleichen. Wobei auch die zehn Gebote überdimensioniert und redundant wirken: *Eine* Grundforderung in einem Wort: Weltfriede! hätte es doch auch schon getan. Das Europa der Ökonomie muss also auch ein Europa des Sozialen werden.

Wenn doch dann die Neoliberalen ideologisch nicht dermaßen vernagelt wären! Aber sie scheinen ihre eigenen Fesseln nicht ablegen zu wollen (oder außerhalb ihres Bereichs auch nicht zu können?). *Fiskalmultiplikator* (FM) ist ein ökonomischer Begriff, der auf John Maynard Keynes zurückgeht. Er beschreibt letztlich die Relation zwischen staatlicher Ausgabenpolitik und konjunkturellem Effekt. Die vorausgehende Frage ist: Welche wirtschaftlichen Effekte haben Ausgabenerhöhungen oder -senkungen des Staates? Das ist in der Regel die Kernfrage, der sich alle Politikerinnen und Politiker stellen müssen, sei es auf kommunaler, Landes- oder Bundesebene. Olivier Blanchard schreibt dazu in seinem Lehrbuch der Makroökonomie: „Zusammenfassend lässt sich sagen: Es besteht erhebliche Unsicherheit über die Effekte makroökonomischer Politikmaßnahmen. Diese Unsicherheit sollte die Politiker dazu veranlassen, vorsichtiger zu agieren, also eine weniger aktive Politik zu betreiben" ([11], S. 744). Und es folgt diesen Sätzen im Grunde die Begründung für antizyklische Politik im Sinne von Keynes. Der FM ist ein Bestimmungsinstrument für geschätzte konjunkturelle Entwicklungen. Ein hoher FM bedeutet, dass die Gefahr besteht, steuerliche Kürzungen könnten die Konjunktur stark schwächen, ein niedriger FM beinhaltet das Gegenteil, nämlich die Gefahr des „Verpuffens" konjunkturstützender Maßnahmen, weshalb diese konjunkturstützenden Maßnahmen zu unterbleiben hätten.

Europaweit durch den IWF wurde immer ein sehr niedriger FM von 0,5 angenommen, getreu der neoliberalen Grundannahme, dass lediglich Sparhaushalte hülfen, vernünftige Wirtschaftspolitik zu betreiben. Mit der Annahme dieses Fiskalmultiplikators von 0,5 werden öffentliche Förderungen und Subventionen als unsinnig und nutzlos beschrieben. Nun erschien im Jahre 2013 ein Artikel eben jenes gerade zitierten Olivier Blanchard [11], dem Chefökonomen des IWF, in dem er bekannte: Der vom IWF für alle seine Maßnahmen zugrunde gelegte FM 0,5 ist *nirgendwo durch irgendetwas* belegt. Ja, Blanchard bekannte nach ausführlicher Recherche, noch nicht einmal belegen zu können, *wann* diese Annahme überhaupt in die Welt gekommen ist. Plötzlich war sie da, jauchzet und frohlocket, eine Jungfrauengeburt! Dabei ist es schon für die Verarmten auf Athens Straßen und Korinths Plätzen sehr wichtig, welche Zahlen diese ferne Institution zugrunde legt: ob 0,5 oder 1,5 oder 2,5 ist schon sehr bedeutend für ein Leben ohne alles oder mit einem Knust Brot in der Hand oder sogar einem Dach über dem Kopf. Zwänge zu Haushaltssperren, Entlassungen und sozialen Kürzungen beruhen auf den Schätzungen nach dem Fiskalmultiplikator. Es ist schon bitter, dass bis heute, fast vier Jahre nach der Veröffentlichung, sich nichts geändert hat: Der IWF betet weiterhin seine neoliberalen Psalmodien herunter. Halleluja. Und nicht nur das, es wird so weiter gehen. Im April 2015 hielt der IWF seine zweijährliche „Rethinking Macropolicy Conference" ab. Im Berichtsband [13], herausgegeben von jenem nun schon leidvoll bekannten Olivier Blanchard, weisen von 28 Beiträgen lediglich zwei eine etwas abweichende Position auf. In anderen Worten: Der IWF wird überhaupt nichts an seiner Politik ändern. Trotz allen Elends in der Welt, das er mit verursacht hat[50]: Die Ökonomen haben in der eigenen Wahrnehmung nichts falsch gemacht. Sie erinnern an diese dänische Publikation über einen Kaiser, der sich neue Kleider anpassen ließ. Aber wo steht nur das Kind, das hier aufpasst?

Dies kann keinesfalls das Europa sein, das wir uns wünschen.

Ein Patriotismus heute, der sich auf Werte und Liebe zum Land stützt, ist ein **sozial ausgerichteter Europapatriotismus der Regionen**. Ein sozial gesicherter Verband kleiner Einheiten. Sachlich. Und emotional.

Zum Schluss: Aus der Geschichte lernen?

Der Hinweis, dass, wer sich der Vergangenheit nicht erinnere, sie zu wiederholen gezwungen sei, ist so oft wiederholt und anders formuliert

---

[50] Bereits zwei Jahre vorher wurde in einem Berichtsband des IWF [1] gefragt: What have we learned? Offensichtlich hat von den 29 Autorinnen und Autoren nur einer etwas gelernt: Joseph Stiglitz, der nämlich gleich zu Anfang seines Beitrags (S. 335 - 347) anmerkt, die brennende Frage nach anderthalb Jahrzehnten Datensammelei sei nicht, wie konnte die Krise passieren, sondern wie konnten wir die Entwicklung so lange ignorieren?

worden, dass ich den Ursprung gar nicht mehr gefunden habe[51]. Und in der Tat: Wir wundern uns, wie oft sich alles in der Welt schon einmal ereignet hat. Eric Cline hat 2014 [23] ein hochinteressantes Buch veröffentlicht, das jetzt in einer guten Übersetzung erschienen ist. In diesem Buch schildert er den ersten Globaluntergang unserer Zivilisation. Alles, was uns ganz grau und verschwommen noch aus dem Geschichtsunterricht erinnerlich bleibt, hat er systematisch zusammengefasst. Am Ende der Spätbronzezeit gingen Länder wie Assyrien, Thrakien, Kreta, das Hethiterreich, Teile Griechenlands plötzlich unter. Die „dorische Wanderung" sei eine Ursache gewesen[52], Zerstörung

---

[51] Für Besserwisser: Wahrscheinlich ist der spanisch-amerikanische Dichter und Philosoph George Santanyana (1863-1952) einer derjenigen, die diesen Wortlaut so gewählt haben (In „Life of reasons", in meiner Ausgabe von 1928 auf Seite 284). Allerdings bezog Santayana sich nicht moralisch auf die Entwicklung, sondern im Kontext gegen die unreflektierte Meinung: Die Zukunft wird immer besser sein. Dezidiert beschäftigte er sich mit Religionskritik. – Aber auch von Edmund Burke und vielen anderen werden Zitate dieses Inhalts vermittelt.

[52] Allerdings schrieb schon 1958 der Altertumswissenschaftler Helmut Berve in seiner dreibändigen ‚Griechischen Geschichte', dass diese Deutung nicht mehr zutreffend sei [9], S. 47).

durch Katastrophen wie Erdbeben, Aufstände in den Stadtstaaten, Hungersnöte seien andere Gründe gewesen. Cline weist nach: Kein Grund alleine war ausschlaggebend. Es kam zu einer Gemengelage verschiedener Gründe. Und Cline zieht Parallelen zur Jetztzeit: Die Umweltbelastung, Kriege, die zu einer wahren Völkerwanderung durch Flucht führen, Wirtschaftskrisen wie der Kollaps des Bankensystems: Alles gab es auch schon in entsprechender Form in der Spätbronzezeit. Da ist die Frage schon erlaubt: Was tun wir eigentlich, um eine erneute Katastrophe zu verhindern?

Nichts. Wir streiten uns lieber um den nächsten Wahltermin.

Allerdings ist es auch nicht dermaßen einfach, wie es nun scheint. Alle wussten, **dass** es zum Ende der Spätbronzezeit zu einem Erlöschen verschiedener alter Reiche kommen würde wie wir auch später wussten, dass Byzanz irgendwann fallen würde oder dass unser Wirtschaftssystem nicht unendliches Wachstum garantieren kann und implodieren wird. Aber niemand wusste und weiß, **wann** dies geschieht. Insofern können wir auch nicht besserwissend darüber reden, sondern sollten uns eher der wirklichen Folgen bewusst sein, die Tun und Nichttun auslösen können. Das heißt auch für unser Thema:

Wenn wir im eigenen Saft braten, schmecken wir nichts anderes. Gerade deshalb brauchen wir „Input" von anderen, Ideen, die anfangs sehr merkwürdig erscheinen und auf die unser erster Reflex ist: Wie soll das denn gehen? Aber halt! Gerade das sind oft die wichtigsten Ideen. Wir müssen im wahrsten Sinne *verrückt* werden: Vom eingefahren Gleis in ein neues verrücken.

Aus diesem Grunde müssen wir das Wichtigste in der Demokratie, die Kommunikation, stärken. Jede und jeder ist wichtig, jede und jeder leistet auf irgendeine Weise einen Beitrag zur Weiterentwicklung unserer Gesellschaft. Und wir sollten auch mal aus unserem Kämmerlein schauen oder das Rechthabenwollen differenzierter sehen. Am allerwichtigsten für Politikerinnen und Politiker ist es aber, eigene Gedanken zu entwickeln, nicht dem Mainstream hinterherzulaufen, notfalls eine Kontroverse auszufechten. Leider neigen auch wir politisch Handelnden oft nach dem Bequemlichkeits- und Rationalisierungsprinzip. Das bedeutet aber auch: Grundsätze sind für die politische Kommunikation absolut notwendig. Grundsatz- und Prinzipienlosigkeit ist der Tod einer partizipativen, kommunizierenden Politik.

2011 war der Wahlslogan der SPD in Bassum zur Kommunalwahl: **Klare Kante**. Wir versuchen damit Transparenz und Prinzipienfestigkeit auszudrücken. Das ist ein Grundsatz unserer gesamten Anlage politischen Wirkens. Und nicht ganz pragmatisch nach 1. Sam., 20, 4[53]. Politik hat auch in einer vielen offensichtlich nicht bekannten Weise mit Grundsätzen und Prinzipien zu tun. Aus der Geschichte könnte man das lernen. Wenn man das denn wollte.

Zusammenfassung

Wenn es stimmt, dass Menschen aus Seele, Körper und Gemeinschaft bestehen, sie also ein bio-psycho-soziales Wesen sind, dann dürfen und können wir in der Politik nicht von dieser Erkenntnis abrücken. Sachliche Abwägungen müssen die emotionale Situationen und Folgen berücksichtigen. Und umgekehrt müssen wir emotionalen Aspekten in der Diskussion auch sachliche Argumente entgegenstellen. Nehmen wir nur die eine Situation, die Sachebene, dann verkümmern soziale Bindungen, emotional erreichen wir andere nicht mehr. Dies führt zu einer Spaltung, in der sich viele mssachtet und

---

[53] *Ich will für dich tun, was dein Herz begehrt.*

abgehängt fühlen. Diese Spaltung verdanken wir dem Neoliberalismus, der einen nur auf Egoismus basierenden Menschen kennt. Andererseits haben wir auch gesehen, wohin die *Trumperei* und Pegida-Hetzerei führen kann: In eine Spaltung mit umgekehrten Vorzeichen, in der sachliche Abwägungen bei einer hohen Emotionalisierung keine Chance mehr haben und Beleidigungen, Lügen und Verdrehungen das politische Klima beherrschen.

Linke Politik muss demgegenüber beide Seiten berücksichtigen: Sachliche Abwägungen und emotionale Kriterien. Wir wollen eine Gesellschaft ohne Angst, mit positiven Freiheitsgraden und den Möglichkeiten, die uns eine reiche Gesellschaft bietet, für alle zu verwirklichen.

Das geht nur sachlich. Und emotional.

Logisch!

5. Zusammenfassung

Einige Thesen zu linker Politik

1. Menschen sind im Gegensatz zur Auffassung der Neoliberalen keine Wesen, die permanent auf eine Nutzenmaximierung schielen. Menschen haben Geist und Gefühl, es gibt für sie in jeweils unterschiedlicher Ausprägung sachliche und emotionale Begründungen für ihr Tun.
2. Menschen leben im Allgemeinen als Sozialwesen mit anderen und als Zielpunkt auch für andere.
3. Ein Menschenbild, das rein ökonomisch ausgerichtet ist, schmilzt den Menschen um Dimensionen auf ein reines Reiz-Reaktions-Verhaltensmodell zusammen.
4. Emotionalität und Rationalität sind Aspekte menschlichen Erlebens.
5. Auch in der Politik sind Sachlichkeit und Emotionalität sowohl in der Erlebenssphäre von außen als auch in der Arbeitssituation im Inneren bestimmende Elemente.
6. Deswegen muss hierauf sowohl in der Außendarstellung als auch in der inhaltlichen Arbeit und Diskussion mit anderen eingegangen werden.

7. Menschen müssen in ihrer Besonderheit und Einmaligkeit anerkannt werden, es geht nicht nur darum, sie als Wirtschaftsbürger zu akzeptieren, sondern sie auch in ihrer individuellen Singularität anzuerkennen.

8. Das bedeutet auch die Anerkennung unterschiedlicher Lebensentwürfe und der sich daraus ergebenden Folgen.

9. Streitpunkte über die Anerkennung sich gegenseitg beeinträchtigender Individuen müssen so geregelt werden, dass eine Akzeptanz aller entsteht.

10. Menschen als unterschiedliche Individuen zu akzeptieren schließt die Möglichkeit zur größtmöglichen Partizipation ein.

11. Diese Partizipation muss nicht unbedingt eigenständig erfolgen, es gilt auch hier das Prinzip der Repräsentanz in größeren Zusammenhängen.

12. Um partizipieren zu können, müssen Bedingungen wie Information, Überschaubarkeit, Berücksichtigung einer Gerechtigkeitskette, Teilnahmemöglichkeit am Prozess erfüllt werden.

13. Diese Bedingungen sind idealerweise in einem deliberativen Kommunikationsprozess erfüllt. Politische Arbeit heißt auch,

sich diesen öffentlichen Prozessen zu stellen.

14. Die Forderung nach Berücksichtigung einer Gerechtigkeitskette führt unter Umständen zu einem zermürbenden Prozess mit fast unendlich scheinender Diskussion.

15. Zu bedenken ist daher auch: Wir können nicht alles gleichzeitig haben, Partizipation, größtmögliche Transparenz und die Effizienz betriebswirtschaftlicher Abläufe. Demokratie ist chaotisch und ineffizient - auf den ersten Blick. Genauer betrachtet bietet eine demokratisch erhobene Entscheidungsfindung aber die Chancen einer konsensuellen Verständigung.

16. Damit ist so verstandene Demokratie ein Beitrag zum Frieden.

17. Wenn zur Partizipation Überschaubarkeit gehört, dann müssen die Rahmenbedingungen dem angepasst werden. Das bedeutet, dass staatliche Bereiche überschaubar gemacht werden. Auf kommunaler Ebene bedeutet dies gerade zur Stärkung des ehrenamtlichen Mandats und der direkten Mitbestimmungselemente einen Zuschnitt der Gemeinden und Städte etwa in der Größe der jetzigen kreisfreien Städte (ab 75.000 bis 100.000 Einw.) unter völligem Verzicht

der intransparenten und partizipations-hemmenden Einrichtungen wie Landkreise.

18. Zur Partizipation gehört Information. Diese Information ist eine Bringeschuld der Veranlasser einer Maßnahme, sie ist aber auch eine Holschuld derjenigen, die partizipativ die Gesellschaft mitgestalten.

19. Daraus folgt, dass Bildung einen der Kernpunkte einer partizipativen Gesellschaft ausmacht. Bildung ist dabei allerdings nicht nur Ausbildung für einen Beruf.

20. Bildung mit Ausbildung gleichzusetzen ist widersinnig. Wenn wir davon ausgehen, dass jede Arbeitnehmerin und jeder Arbeitnehmer in der nächsten Zeit vielleicht sogar mehrfach Beruf und Abeitsplatz wechseln werden, erscheint es unsinnig, deswegen als Neuntklässler „Arbeitspraktika" mit Berührung in die angestrebte Berufswelt verpflichtend für den Unterrichtskanon einzuführen. Für welchen Beruf denn?

21. Wenn wir Bildung als allerhöchste Priorität ansetzen, müssen wir auch zur Kenntnis nehmen, dass wir damit den intellektuell Begabteren und Ehrgeizigeren letzten Endes eine sie stärkende Beihilfe einräumen.

22. Gesamtgesellschaftlich erbrachte Erträge müssen allen zur Verfügung stehen.

23. Zur Verteilung dieser Erträge braucht es ein Einverständnis über Gerechtigkeitskriterien.

24. Das „Differenzprinzip“ nach Rawls sieht eine Verteilung als dann gerecht an, wenn auch der Mindeste daran partizipiert und es ihm nach der Verteilung zumindest nicht schlechter geht.

25. Dieses Prinzip fürt zu einer Berücksichtigung auch der unteren Einheiten, allerdings kann es auch zu einem exorbitanten Einkommensunterschied führen. Nach diesem Prinzip ist auch die Verdoppelung der Boni der leitenden Firmenmanager gerecht, solange die Löhne der Beschäftigten nicht gesenkt werden.

26. Im Prinzip der „Grechtigkeitssphären“ sieht Walzer eine Möglichkeit, eine Welt zu gestalten, in der in unterschiedlichen Bereichen Ungleichheit herrschen kann, solange das Gesamtgefüge als gerecht empfunden wird.

27. Empfundene und formulierte Gerechtigkeit sind nicht unbedingt deckungsgleich.

28. Verteilungsmaßstäbe sind kaum konsensuell auszuloten.

29. Aus diesem Grunde muss sich ein Prinzip der politischen Formulierung, das dem All-

gemeinempfinden nahe kommt, herausbilden.

30. Hierzu gehört in einer vorderen Linie Besitz. Besitz ist Teilhabe durch Eigenverfügbarkeit. Und in diesem Sinne „gehört" auch das in den Sozialversicherungen ruhende Kapital den Beitragszahlerinnen und -zahlern. Es ist Sozialeigentum.

31. Ungerecht und damit einer Verteilung grundsätzlich zu unterwerfen ist die Differenzierung in besser und schlechter Verdienende hinsichtich ihres Anteils an den Sozialversicherungen. Deshalb gibt es keine nicht klientelgeleitete Alternative zu einer alle umfassenden Beteiligung an den Sozialversicherungssystemen. Bürgerversicherung und Rentenversicherung für alle sind demnach eine Aufgabe einer gerechten Verteilungspolitik.

32. Gerecht und damit verteilungsrelevant ist der Anteil am Gesamtvermögen, damit also auch die Steuersätze. Eine solidarische und gerechte Verteilung bedeutet die Durchsetzung des Prinzips „jeder nach seinen Leistungen".

33. Verteilung ist kein Selbstzweck. Aber durch Verteilung gesamtgesellschaftlich erbrachter Leistungen anerkennen wir die

Arbeit aller und fördern die Transparenz aller Maßnahmen. Verteilung ist damit die Basis einer Gesellschaft.

34. Patriotismus ist kein Wert an sich, schon überhaupt kein Wert, der höher steht als Freiheit, Unversehrtheit, Gerechtigkeit oder Solidarität.
35. Patriotismus als Wert kann sich nur auf ein friedliches und solidarisches Miteinander in einem bestimmten Gebiet beziehen.
36. Ein Werte- oder Verfassungspatriotismus bezieht sich deshalb auf die in der Verfassung dargelegten Grundwerte.
37. Diese Werte sind supranational: Sie beziehen sich nicht auf ein bestimmtes Land oder Gebiet, sie sind über-national.
38. Die Menschen innerhalb der Europäischen Union haben sich zu diesen Werten bekannt. Wir leben in einem Europa der Werte.
39. Dieses Europa wirkt friedensstabilisierend. Ein nachnationales Europa hat die Gründe für nationalistische und imperialistische Kriege aufgehoben.
40. Zur Identität der Menschen im nachnationalen Europa gehören ihre Mitmenschen, ihre Gewohnheiten, die Gegend, in der sie

wohnen, bekannte Kulturen: schlicht ihre Heimat.

41. Damit ist ein nachnationales Europa ein Europa der Regionen, wo sich Menschen vertraut und unbesorgt fühlen können.

42. Das linke Projekt einer freien, gerechten und solidarischen Welt basiert auf der Vorstellung einer Verknüpfung von politischen, ökonomischen und sozialen Grundrechten. Im Gegensatz zum Neoliberalismus benötigt die soziale Demokratie staatliche Strukturen, die einen Rahmen geben für persönliche Freiheit, soziale Daseinsfürsorge und fairen Ausgleich. Diese Strukturen werden nicht einem wie auch immer definierten Markt und den dahinter stehenden Mechanismen überantwortet. Oder anders formuliert: Soziale Demokratie hat ein anderes Normenverständnis als der Neoliberalismus und definiert sich nicht über ökonomische Kategorien. Die Aufgabe der modernen sozialen Demokratie sehe ich heute darin, Kräfte und Anstrengungen nicht primär auf individuelle Rechte zu fokussieren, sondern sie auf soziale Freiheiten und Entwicklungen zu richten.

3

6. Literaturverzeichnis

[1] **Akerlof**, Geoge; **Blanchard**, Olivier; **Romer**, David; **Stiglitz**, Joseph: What have we learned? Macroeconomic Policy after the Crisis. Cambridge (MA) London: 2014, MIT Press

[2] **von Alemann**, Ulrich; **Heidbreder**, Eva G.; **Hummel**, Hartwig; **Dreyer**, Domenica; **Gödde,** Anne (Hg.): Ein soziales Europa ist möglich. Wiesbaden: 2015, VS Springer

[3] **Assmann**, Jan: Ma'at. Gerechtigkeit und Unsterblichkeit im Alten Ägypten (1995). München: 2001, Beck

[4] **Bauer**, Joachim: Prinzip Menschlichkeit. Hamburg: 2006, Hoffmann & Campe

[5] **Becker**, Gary S.: Human Capital (1964), Chicago: 1993, Chicago University Press

[6] ders.: Ökonomische Erklärung menschlichen Verhaltens (1976), 2. Aufl. Tübingen: 1993, Mohr Siebeck

[7] **Benz**, Wolfgang (Hg.): Fremdenfeinde und Wutbürger. Verliert die demokratische Gesellschaft ihre Mitte? Berlin: 2016, Metropol

[8] **Berlin**; Isaiah: Zwei Freiheitsbegriffe (1958), in: Isaiah Berlin: Freiheit. Vier Versuche. Frankfurt/Main: 2006, Fischer Taschenbücher

[9] **Berve,** Helmut: Griechische Frühzeit. Griechische Geschichte I. Freiburg: 1959, Herder

[10] **Bettini**, Sergio: Venezia. Nascita di una città. Milano: 1988, Biblioteca Electa

[11] **Blanchard**, Olivier; **Illing**, Gerhard: Makroökonomie, 5. Auflage, München: 2009, Pearson Studium

[12] **Blanchard**, Olivier; **Leigh**, Daniel: Growth Forecast Errors and Fiscal Multipliers. Working Paper WP/13/1 International Monetary Fund, January 2013

[13] **Blanchard**, Olivier; **Rajan**, Raghuram; **Rogoff**, Kenneth; **Summers**, Lawrence H.: Progress and Confusion. Cambridge (MA) London: 2016, MIT Press

[14] **Bloch**, Ernst: Geist der Utopie. Zweite Fassung (1923, 1964). Gesamtausgabe Band 3. Frankfurt: 1985, Suhrkamp

[15] Le **Bon**, Gustave: Psychologie der Massen (1985). Stuttgart: 1968, Kröner

[16] **Brandt**, Willy: Die ‚Roten' Falken. In: Berliner Ausgabe, Band 1, Dokument Nr. 1. Berlin: 2002, Dietz, S. 80

[17] **Brennan**, Jason: Gegen Demokratie. Warum wir Politik niht den Unvernünftigen überlassen dürfen (2016), Berlin: 2017, Ullstein.

[18] **Buber**, Martin; **Rosenzweig**, Franz: Die Schrift. Band 1: Die fünf Bücher der Weisung. (1954). Stuttgart: 1992, Deutsche Bibelgesellschaft.

[19] **Bussemer**, Thymian: Die erregte Republik. Wutbürger und die Macht der Medien. Stuttgart: 2011, Klett-Cotta

[20] **Capelle**, Wilhelm (Hg.): Die Vorsokratiker (1935). Stuttgart: 1968, Kröner

[21] **Castel**, Robert: Die Stärkung des Sozialen (orig.: 2003). Hamburg: 2005, Hamburger Edition

[22] **Chomsky**, Noam: Sprache und Politik. Berlin: 2000, 2. Aufl., Philo

[23] **Cline**, Eric H.: 1177 v. Chr. - Der erste Untergang der Zivilisation. (orig. 2014), Darmstadt: 2015, Theiss

[24] **de Crescenzo**, Luciano: Also sprach Bellavista. Zürich: Diogenes, 1988

[25] **Crouch**, Colin: Das befremdliche Überleben des Neoliberalismus (2011). Berlin: 2011, Suhrkamp.

[26] ders.: Jenseits des Neoliberalismus (2013). Wien: 2013, Passagen.

[27] ders.: Die bezifferte Welt (2015). Berlin: 2015, Suhrkamp

[28] **Csikszentmihalyi**, Mihaly: Das Flow-Erlebnis (1975). Stuttgart: 1996, 6. Aufl., Klett-Cotta

[29] ders.: Flow – Das Geheimnis des Glücks (1990). Stuttgart: 1998, 6. Aufl., Klett-Cotta

[30] **Dehling**, Jochen; **Schubert**, Klaus: Ökonomische Theorien der Politik. Wiesbaden: 2011, Verlag für Sozialwissenschaften

[31] **Dewey**, John: Die Erneuerung der Philosophie (orig. 1923), Hamburg: Junius, 1995

[32] **Dierksmeier**, Claus: Qualitative Freiheit. Bielefeld: 2016, transcript

[33] **Downs**, Anthony: Ökonomische Theorie der Demokratie (orig. 1957), Tübingen: 1968, Mohr Siebeck

[34] **Elias**, Norbert: Über den Prozess der Zivilisation (1939), 2 Bände, 26. Auflage, Frankfurt: 1976, Suhrkamp (stw)

[35] **Engels**, Friedrich: Die Lage der arbeitenden Klasse Englands. MEW 2, S. 225 - 506

[36] **Etzioni**, Amitai: Jenseits des Egoismus-Prinzips (orig. 1988), Stuttgart: 1994, Schäffer-Poeschel

[37] ders.: Die Entdeckung des Gemeinwesens (orig. 1993), Stuttgart: 1995, Schäffer-Poeschel

[38] ders.: Die Verantwortungsgesellschaft (orig. 1996), Frankfurt: 1997, Campus

[39] **Eucken**, Walter: Die Grundlagen der Nationalökonomie (orig. 1939), Jena: 1944, Gustav Fischer

[40] **Felsch**, Philipp: Der lange Sommer der Theorie. München: 2015, Beck

[41] **Freud**, Sigmund: Massenpsychologie und Ich-Analyse (1921), in: Studienausgabe, Bd. IX, Frankfurt: 1982, S. Fischer

[42] **Friedman**, Milton: Kapitalismus und Freiheit (orig. 1962), Stuttgart: 1971, Seewald

[43] **Friedman**, Milton & Rose: Chancen, die ich meine (orig. 1980), Berlin: 1980, Ullstein

[44] **Gilgamesch** - Eine Erzählung aus dem alten Orient. Leipzig: o.J. (1931), Insel, Insel-Bücherei Nr. 203

[45] **Greenberg**, Leslie S.: Emotionsfokussierte Therapie. Tübingen: 2006, dgvt-Verlag

[46] **Guérot**, Ulrike: Wir sind Europa. Agora[42], 2/2016, S. 48 ff

[47] **Habermas**, Jürgen: Theorie des kommunikativen Handelns (1981), 9. Aufl., Frankfurt: 1995, Suhrkamp (stw)

[48] ders.: Moralbewusstsein und kommunikatives Handeln, Frankfurt: 1983, Suhrkamp (stw)

[49] ders.: Faktizität und Geltung (1998), 5. Aufl., Berlin: 2014, Suhrkamp (stw)

[50] **Hahn**, Anna Katharina: Das Kleid meiner Mutter. Berlin: 2016, Suhrkamp

[51] **Haus**, Michael: Kommunitarismus. Einführung und Analyse. Wiesbaden: 2003, Westdeutscher Verlag

[52] **Hayek**, Friedrich A.: Der Weg zur Knechtschaft (Neuausgabe), (orig. 1944, NA 1971), München: 2009, Olzog

[53] **Heidenreich**, Felix: Politische Gefühle - Katalysator des Diskurses. In: [66], S. 49-66

[54] **Heraklit**: Fragmente. Übertragen von Bruno Snell. München Zürich: 1986, Artemis

[55] **Herkner**, Werner: Sozialpsychologie. Bern: 1991, 5. Aufl., Huber

[56] **Herzog**, Dagmar: Die Politisierung der Lust. München: 2005, Siedler

[57] **Hirschman**, Albert O.: Abwanderung und Widerspruch (orig. 1970), Tübingen: 1974, Mohr

[58] ders.: Leidenschaften und Interessen (orig. 1977), Frankfurt: 1987, Suhrkamp (stw)

[59] **Homer**, Ilias Odyssee, übertragen von Johann Heinrich Voß (1793, Ilias, und 1781, Odyssee), München: 1987, Winkler

[60] **Honneth**, Axel: Kampf um Anerkennung (1992). Frankfurt: 1994, Suhrkamp (stw)

[61] ders.: Das Ich im Wir. Studien zur Anerkennungstheorie. Berlin: 2010, Suhrkamp (stw)

[62] ders.: Das Recht der Freiheit. Berlin: 2011, Suhrkamp

[63] ders.: Die Idee des Sozialismus. Berlin: 2015, Suhrkamp

[64] **Honneth**, Axel (Hg.): Kommunitarismus. Eine Debatte über die moralischen Grundlagen moderner Gesellschaften. Frankfurt: 1993, Campus

[65] **Hülshoff**, Thomas: Emotionen. München: 1999, Reinhardt UTB

[66] **Korte**, Karl-Rudolf (Hg.): Emotionen und Politik. Baden-Baden: 2015, Nomos

[67] **Koneffke**, Jan: Ein Sonntagskind. Berlin: 2015, Galiani Berlin

[68] **Lassalle**, Ferdinand: Die Philosophie Herakleitos des Dunklen von Ephesos. Leipzig: 1909, E. Schirmer

[69] **Leggewie**, Claus: Von Schneider zu Schwerte. München: 1998, Hanser

[70] **Laufenberg**, Hans et al.: Sèves Theorie der Persönlichkeit. Berlin: 1975, VSA

[71] **Lübbe**, Weyma (Hg.): Tödliche Entscheidung. Allokation von Leben und Tod in Zwangslagen. Paderborn: 2004, Mentis

[72] **Lüdecke**, Norbert: Vom Lehramt zur Heiligen Schrift. In: **Busse**, Ulrich; **Reichardt**, Michael; **Theobald**, Michael: Erinnerung an Jesus. Göttingen: 2011,

Bonn University Press, Bonner Biblische Beiträge, Band 166, S. 501 - 526

[73] **Luhmann**, Nikolas: Die Politik der Gesellschaft (2000), Frankfurt/Main: 2002, Suhrkamp (stw)

[74] **MacIntyre**, Alasdair: Der Verlust der Tugend. Zur moralischen Krise der Gegenwart (orig. 1981), Frankfurt: 1995, Suhrkamp (stw)

[75] **de Man**, Hendrik: Zur Psychologie des Sozialismus (2. Aufl.), Leipzig: 1927, Diederichs

[76] **Mancuso**, Franco: Venezia è una città. Come è stata costruita e come vive. Venezia: 2009, Corte del Fontego Editore

[77] **Marx**, Karl: Zur Judenfrage. MEW 1, S. 347 – 377

[78] ders.: Das Kapital 1. MEW 23 (darin das 8. Kapitel S. 245 - 320)

[79] **Meier**, Christian: Athen. Berlin: 1993, Siedler (Lizenzausgabe für die Büchergilde Gutenberg)

[80] **Menasse**, Robert: Heimat ist die schönste Utopie. Reden (wir) über Europa. Berlin: 2014, Suhrkamp (es)

[81] **Meyer**, Thomas: Sozialismus. Elemente der Politik. Wiesbaden: 2008, Verlag für Sozialwissenschaften

[82] ders.: Soziale Demokratie. Eine Enführung. Wiesbaden: 2009, Verlag für Sozialwissenschaften

[83] ders.: Theorie der Sozialen Demokratie. 2. Auflage. Wiesbaden: 2011, Verlag für Sozialwissenschaften

[84] **Meyer**, Wulf-Uwe; **Reisenzein**, Rainer; **Schützwohl**, Achim (Hg): Einführung in die Emotionspyschologie, 2. Aufl., Band I. Bern Göttingen: 2001, Huber

[85] **Milde**, Georg: Wege in die Politik. Berlin: 2015, BS & Siebenhaar

[86] **Moscovici**, Serge: Sozialer Wandel durch Minoritäten (orig. 1976). München: 1979, Urban & Schwarzenberg

[87] **Nida-Rümelin**, Julian: Freiheit, Staat und Steuern. Die Neue Gesellschaft / Frankfurter Hefte 9/2010, S 4. ff

[88] ders.: Die Optimierungsfalle. Philosophie einer humanen Ökonomie. München: 2011, Irisiana

[89] ders., Hg.: Angewandte Ethik. 2. Aufl. Stuttgart: 25, Kröner.

[90] **Nozick**, Robert: Anarchie Staat Utopia (orig. 1974), München: o.J. (1976), mvg

[91] ders.: Vom richtigen, guten und glücklichen Leben (orig. 1989), 2. Aufl., München: 1993, dtv

[92] **Nussbaum**, Martha C.: Politische Emotionen. Warum Liebe für Gerechtigkeit wichtig ist. Berlin: 2014, Suhrkamp

[93] **Ohlig**, Karl-Heinz: Religion in der Geschichte der Menschheit, (2002), 2. Aufl., Darmstadt: 2006, WBG

[94] **Olschanski**, Reinhard: Der Wille zum Feind. Über populistische Rhetorik. München: 2017, Fink

[95] **Ortega y Gasset**, José: Der Aufstand der Massen (1930). Hamburg: 1956, Rowohlt (rowohlts deutsche enzyklopädie Band 10)

[96] **Pettit**, Philip: Gerechte Freiheit. Berlin: 2015, Suhrkamp

[97] **Pies**, Ingo; **Leschke**, Martin (Hg.): Gary Beckers ökonomischer Imperialismus. Tübingen: 1998, Mohr Siebeck, Konzepte der Gesellschaftstheorie Band 4

[98] dies.: Walter Euckens Ordnungspolitik. Tübingen: 2002, Mohr Siebeck, Konzepte der Gesellschaftstheorie Band 8

[99] **Plato**: Der Staat. Übersetzt von August Hornefer. Stuttgart: 1973, Kröner

[100] **Plickert**, Philip; **Beck**, Hanno: Kanzlerin sucht Verhaltensforscher. FAZ 26.8.2014

[101] **Priddat**, Birger: Politische Ökonomie. Wiesbanden: 2008, Verlag für Sozialwissenschaften

[102] **Putnam**, Robert D.: Bowling alone. New York: 2000, Simon & Schuster

[103] ders. (Hg.): Gesellschaft und Gemeinsinn. Gütersloh: 2001, Verlag Bertelsmann Stiftung

[104] **Rawls**, John: Eine Theorie der Gerechtigkei (orig. 1971). Frankfurt: 1979, Suhrkamp (stw)

[105] **Reese-Schäfer**, Walter: Komunitarismus. 3. Aufl. Frankfurt: 2001, Campus; Campus Einführungen

[106] **Roscoe**, Philip: Rechnet sich das? Wie ökonomisches Denken unsere Gesellschaft ärmer macht (orig. 2014). München: 2014, Hanser

[107] **Rüth**, Friedbert W.: Emotionen und Politik: Wie emotionslos kann und soll politisches Entscheiden sein? In: [66], S. 155 - 185

[108] **Saage**, Richard; **Grebing**, Helga; **Faber**, Klaus (G.): Sozialdemokratie und Menschenbild. Marburg: 2012, Schüren

[109] **Sandel**, Michael J.: Gerechtigkeit - Wie wir das Richtige tun (orig. 2009). Berlin: 2013, Ullstein

[110] **Santayana**, George: The Life of reason or the Phases of Human Progress. New York: 1928, Charles Scribner's Sons

[111] **Schachinger**, Helga E.: Psychologie der Politik. Bern: 2014, Huber Hogrefe

[112] **Schönherr-Mann**, Hans-Martin: Postmoderne Theorien des Politischen. München: 1996, Wilhelm Fink

[113] **Schiller**, Friedrich: Über den Zusammenhang der tierischen Natur des Menschen mit seiner geistigen (1780). Gesammelte Werke, Band V, Stuttgart: 1975, Europäische Bildungsgemeinschaft.

[114] **Schindler**, Jörg: Panikmache. Wie wir vor lauter Angst unser Leben verpassen. Frankfurt: 2016, S. Fischer

[115] **Schmeidler**, Bernhard: Der Dux und das comune venetiarum 1141-1229. Beiträge zur Verfassungseschichte Venedigs. Reprint der Ausgabe von 1902: brebook o.J

[116] **Schulz von Thun**, Friedemann: Miteinander reden. 3 Bände (1981). Reinbek: 2008, Rowohlt rororo

[117] **Sève**, Lucien: Marxismus und Theorie der Persönlichkeit (orig. 1972), 3. Aufl., Frankfurt: 1977, Verlag Marxistische Blätter

[118] **Snell**, Bruno: Die Entdeckung des Geistes (1946), 9. Aufl., Göttingen: 2011, Vandenhoeck & Ruprecht

[119] **Sternberger**, Dolf: Schriften, Band X: Verfassungspatriotismus. Frankfurt: 1990, Insel

[120] **Taylor**, Charles: Negative Freiheit? Zur Kritik des neuzeitlichen Individualismus (orig. 1985). Frankfurt: 1992, Suhrkamp (stw)

[121] ders.: Das Unbehagen an der Moderne (orig. 1991). Frankfurt: 1995, Suhrkamp (stw)

[122] ders.: Quellen des Selbst. Die Entstehung der neuzeitlichen Identität (orig. 1994). Frankfurt: 1996, Suhrkamp (stw)

[123] ders.: Ein säkulares Zeitalter (orig. 2007). Frankfurt: 2009, Suhrkamp

[124] **Tönnies**, Ferdinand: Gemeinschaft und Gesellschaft. Grundbegriffe der reinen Soziologie (1887), Nachdruck der 8. Aufl. von 1935, Darmstadt: 2005, WBG

[125] **Verhaeghe**, Paul: Und ich? Identität in einer durchökonomisierten Gesellschaft. München: 2012, Kunstmann

[126] **Wagenknecht**, Sarah: Reichtum ohne Gier. Frankfurt New York: 2016, Campus

[127] **Walzer**, Michael: Sphären der Gerechtigkeit (orig. 1983). Frankfurt New York: 2006, Campus

[128] **Watzlawick**, Paul: Menschliche Kommunikation (orig. 1967). Bern: 2011, 12. Auflage: Huber
[129] ders.: Anleitung zum Unglücklichsein (orig. 1983). München: 2003, Piper
[130] **Wildt**, Michael: Volk, Volksgemeinschaft, AfD. Hamburg: 2017, Hamburger Edition
[131] **Villiger**, Kaspar: Demokratie und konzeptionelles Denken. Zürich: 2015, Verlag Neue Zürcher Zeitung
[132] **Zordan**, Giorgio et al.: Società, economia, istituzioni. Elementi per la conoscenza della Repubblica Veneta. Vol. I e II. Verona: 2002, Cieri Edizioni
[133] **Zorzi**, Alvise: Venedig. Die Geschichte der Löwenrepublik (orig. 1979). Düsseldorf: 1985, Claassen

Biografisches

(Foto: Luzia Moldenhauer)

Dr. Christoph Lanzendörfer hat in Bonn Medizin und in Nebenfächern Philosophie und Theologie studiert. Promotion zum Thema „Persönlichkeit und postoperativer Heilungsverlauf" bei Prof. Dr. Dr. Dipl.Psych. Theo R. Payk. Nach Ausbildung zum Internisten und Psychotherapeuten und längerer Tätigkeit als kardiologischer und nephrologischer Oberarzt in einem akademischen Lehrkrankenhaus ist er seit über einem Jahrzehnt Mitinhaber einer sehr großen

Gemeinschaftspraxis in Bassum. Zudem hat er berufsbegleitend Gesundheitsökonomie studiert. Christoph Lanzendörfer ist Mitglied von SPD und SPÖ, seit 1976 ist er Mitglied des Rates der Stadt Bassum und dort seit langem Fraktionsvorsitzender (vergl. Ex. 18, 14f[54] und 20, 19[55]). 2013 Kandidatur für den Wahlkreis Diepholz des Deutschen Bundestages unter ausdrücklichem Verzicht auf den angebotenen sicheren Listenplatz um zu zeigen, dass es nicht um ihn als Person, sondern um den Einsatz für die Sache gehe.

Weiteres Engagement u.a. im Arbeiter Samariter Bund, dem TSV Bassum, der Kassenärztlichen Vereinigung, der Ärztekammer und dem „Club der Freunde des Malt-Whiskys Bassum". Veröffentlichung etlicher medizinischer Fachbücher. Politische Veröffentlichungen, u.a.: „Begründungen suchen. Philosophisches Denken und politisches Handeln", 2012 (gemeinsam mit Luzia Moldenhauer, MdL).

Hobbies: Radfahren, Literatur, Fotografieren, Venedig, Bibelzitate wie z.B. Lev. 19, 32[56].

Kontakt: c.lanzendoerfer@spd-bassum.de

---

[54] *Warum musst du ganz alleine da sitzen und alles Volk steht um dich herum vom Morgen bis zum Abend?*

[55] *Rede du mit uns, wir wollen hören.*

[56] *Vor einem grauen Haupt sollst du aufstehen.*